閩臺歷代方志集成·福建省志輯·第8冊

福建省地方志編纂委員會　整理

［萬曆］

閩大記

（一）

（明）王應山等纂修

萬曆十年（一五八二年）（清抄本）

社會科學文獻出版社

圖書在版編目（CIP）數據

福建省志輯. 第8－10册，［萬曆］閩大記：全3册／福建省地方志編纂委員會整理；（明）王應山等纂修. －－北京：社會科學文獻出版社，2018.5
（閩臺歷代方志集成）
ISBN 978－7－5201－2753－0

Ⅰ.①福… Ⅱ.①福… ②王… Ⅲ.①福建－地方志 Ⅳ.①K295.7

中國版本圖書館CIP數據核字（2018）第086102號

·閩臺歷代方志集成·
福建省志輯（第8－10册）
［萬曆］閩大記（全3册）

整　　理／福建省地方志編纂委員會
纂　　修／（明）王應山等纂修

出 版 人／謝壽光
項目統籌／鄧泳紅　陳　穎
責任編輯／陳　穎　胡百濤

出　　版／社會科學文獻出版社·皮書出版分社（010）59367127
地址：北京市北三環中路甲29號院華龍大厦　郵編：100029
網址：www.ssap.com.cn
發　　行／市場營銷中心（010）59367081　59367018
印　　裝／福州力人彩印有限公司

規　　格／開　本：787mm×1092mm　1/16
印　張：137.75　幅　數：2172
版　　次／2018年5月第1版　2018年5月第1次印刷
書　　號／ISBN 978－7－5201－2753－0
定　　價／1800.00圓

本書如有印裝質量問題，請與讀者服務中心（010－59367028）聯繫

《閩臺歷代方志集成》學術委員會

顧　問： 王偉光（中國社會科學院原院長，中國地方志指導小組組長）

李培林（中國社會科學院副院長，中國地方志指導小組常務副組長）

李　紅（政協福建省委員會副主席，中國地方志指導小組成員）

陳祖武（中國社會科學院學部委員，中央文史館館員，國務院古籍整理出版規劃小組成員，研究員）

張海鵬（中國社會科學院學部委員，中國社會科學院臺灣史研究中心主任，中國史學會原會長，研究員）

主　任： 冀祥德（法學博士，中國地方志指導小組秘書長，中國地方志指導小組辦公室黨組書記、主任，中國社會科學院法學研究所研究員）

委　員（以姓氏筆畫爲序）：

王日根（厦門大學人文學院副院長，歷史學教授）

牛潤珍（中國人民大學歷史學院教授，中國方志學研究會副會長）

方寶川（福建師範大學圖書館原館長，福建師範大學社會歷史學院教授）
李宗翰（金門大學閩南文化研究所原所長，臺灣師範大學歷史系副教授）
李國榮（中國第一歷史檔案館副館長，研究員）
吳志躍（福建省博物院院長）
林國平（福建師範大學社會歷史學院教授）
郭志超（厦門大學人類學研究所原所長，教授）
陳叔侗（福建博物院離休文史專家）
許建平（福建省圖書館地方文獻中心特藏部主任，研究館員）
劉傳標（福建社會科學院歷史研究所所長，研究館員）
謝必震（福建師範大學閩臺區域研究中心主任、社會歷史學院教授）
謝冬榮（中國國家圖書館古籍館副館長，研究館員）
謝國興（臺灣中研院臺灣史所原所長，研究員）
鄭智明（福建省圖書館館長）
蕭德洪（厦門大學圖書館館長）

《閩臺歷代方志集成》編纂委員會

主　任：陳秋平

副主任：俞　傑　林　浩　戴振華

成　員：張維義　李升榮　呂秋心　凌文斌　歐長生　張國珍　高錦利　李志宏
康元泰　張惠評　林善濤　陳星揚　藍國華　吴乃意　林揚國　彭光華

《閩臺歷代方志集成》編輯部

主　編：林　浩

副主編：凌文斌

編　輯：鄭　羽　李連秀　滕元明　曾永志　胡志明　林春花

出版前言

修國史，纂方志，固我中華民族百代常新之優秀文化傳統。志亦史也，舉凡方域區裁，川原濬闢，自然人事之變遷，經濟文明之演進，文圖在手，紀述備陳。於以啓新鑒古，積厚流光，資用於無涯。

福建，扆山攬海，屏障東南，古號閩中，傳稽遷、固。秦稱列郡，漢授無諸。曾墟徙于江淮，漸衣冠之南返。梁、陳迄唐，興學後先，人文趨盛。所惜代遠年湮，罕傳載籍。嗣肇兩宋之昌明，譽海濱于鄒魯。三山有志，存續差全；仙邑、臨汀，殘篇僅在。元建行省，未及百年。朱明代興，統轄八府一州。弘治纂成通志，以八閩見稱，編目立例，有所遵從。其後《閩大記》《閩書》亦各名世。清代康、雍、乾、道多朝，下至民國，更相繼修成《福建通志》五部、《圖記》三編。至於閩省各府、州、縣、廳修志篇名，見於記述者，當可遠溯晉、唐。而傳世見存者，多出於宋、明、清代，以迄民國，近三百種，且不乏碩學鴻儒之佳製。誠文獻之足珍，號名邦而無怍。

臺灣一島，薄海親鄰。遠古冰川，陸橋可涉。族羣隔岸，同俗同根。貨貿如潮，風雲瞬息。鄭氏驅荷，經營三世，入清設府，並列十閩。抗倭禦寇，慷慨同仇。豈骨肉之能分，同興華之有夢。所纂方志，上起康、乾，下訖同治，合四十種，俱各幸存。計有：圖志一，府、縣、廳志二十有九，通志一，雜記九。本島外，周邊之小琉球、釣魚臺、澎湖諸嶼，悉紀無遺。

中國共産黨十八屆五中全會，適時提出實施『中華典籍整理』工程之要求。福建省地方志編纂委員會設立以來，膺一方歷史文化存續之重任，載筆采編，績效斐然。二〇一四年末，乃有纂輯《閩臺歷代方志集成》之擬議。旋獲中國地方志指導小組首肯支持，連續于福州、北京舉行專家論證會議，制定實施規劃。廣泛徵集海峽兩岸各圖書館原所典藏舊志各版本。進而遍向國內各地以及海外日、美等國徵求流散孤遺之珍本。積數年努力，遍羅不同版本四百七十餘種。隨集圖書館、高等院校、博物院等專家學者校讀、比對、甄別異同優劣，循序歸類。幾經汰選分爲：

《福建省志輯》志書八種，圖志三種；

《福建府州志輯》志書四十七種，附録兩種；

《福建縣廳志輯》志書二百四十七種；

《臺灣志書輯》志書三十九種，圖志一種。

最後歸輯總數或將達三百四十餘種。凡已入選歸輯者，均予正訛、修殘、補缺，擷其序例，彙編總目，慎撰各書内容提要，以醒眉目。

社會科學文獻出版社將承擔全書印刷出版任務。用電子影像高精度掃描，裝訂成册。每册約八百頁。十六開本精裝，分批分輯出版。

是役也，聚英合力、啓後承先，堪稱壯舉。誠望有俾於兩岸學術交流、社會協調發展，促進和平統一之大業，有厚幸焉。

《閩臺歷代方志集成》編纂委員會

二〇一七年十二月

出版説明

一、《閩臺歷代方志集成》爲福建與臺灣兩地歷代各級方志精校影印叢書。

二、收録時限。以現存舊方志刻印時間最早者爲收録上限；其福建部分，收録下限至中華人民共和國成立前；臺灣部分，收録下限則止於一八九五年。

三、收録範圍。主要參照《中國地方志聯合目録》之福建部分與鄭寶謙先生主編的《福建舊方志綜録》書目，包羅福建纂修的圖志、通志、府志、州志、縣志、廳志，以及臺灣纂修的圖志、通志、府志、縣志、廳志、島志等。

四、《閩臺歷代方志集成·福建省志輯》共收録明弘治三年（一四九〇年）至民國十一年（一九二二年）間刊行的福建圖志三部、通志八部，分别以成書先後爲序，共分九十八册整理出版。

五、爲體現每册志書的均衡性，本輯將篇幅較小的三部圖志合并爲一册，八部通志因篇幅較大則一志分爲多册。

六、本輯以『忠於歷史、尊重原貌、適當整理』爲原則，每部志書從現存的初刻本、遞修本、增補本、重刻本、石印本、鉛印本、稿本、抄本等中，選擇一種印制質量最好、保存完整、價值最高的版本作爲底本，不作點校，整理影印。其底本來源于福建省圖書館、福建師範大學圖書館、中國國家圖書館、上海圖書館、美國加州大學伯克利分校東亞圖書館和日本内閣文庫，并通過與天津圖書館、厦門大學圖書館等收藏的其他版本作比對整理。

七、本輯所收方志，按纂修年代在書名前冠以年號，如[弘治]《八閩通志》等。本輯第一册編制有歷代方志總目及册號；爲便於讀者查閱，每部志書前均有新編目録，并注明頁碼。一册多志的頁碼則按册起訖，一志多册的依各志自爲起訖。每種志書均撰寫提要，具體説明該志纂修情況、刊刻時間、續修或增修情況、影印所據的版本及學術價值等。

八、爲保持原書風貌，本輯不再制作新編書眉，不對志書中原有圖片（如城池圖等）進行切割拼圖。原志書如有錯頁、蠹損、殘缺、漫漶不清處，原則上都予以换頁、補頁、修描，使全書字劃清晰、頁序整齊。若原書存在多種殘本，則原則上予以彙集整理；若原志書爲殘本，又没有其他版本比對，則不再修補，保持志書的原貌。

《閩臺歷代方志集成》編輯部

二〇一七年十二月

新編目録

第一册

〔萬曆〕《閩大記》提要

〔萬曆〕《閩大記》共五十五卷，由侯官王應山纂輯，歷時三載，於萬曆九年（一五八一年）成書。未見有刊刻本存世，今尚見于國內圖書館者，僅有個別殘缺不全的傳抄本。中國國家圖書館藏有『舊抄萬曆十年本十册』；福建省圖書館藏有道光間陳壽祺手抄本，衹抄存二十七卷；上海圖書館有近人抄本，雖然篇目有所竄易，但仍保存四十八卷之多，僅缺少七卷。

今選取中國國家圖書館所藏抄本爲底本，用上海圖書館、福建省圖書館所藏抄本參校。闡釋其篇目异同所在，校補部分缺失之内容。其三本皆缺者，仍虚存其卷目。

王應山（一五三一年至一六一三年），字懋宣，號静軒，侯官（今福建省福州市）人。堂兄王應鍾作《序》云：『弟年十五，試場屋，已策名，主司嫌其少，臨時易之。濩落偃蹇以至於今。』應山在自作《總序》中云：『予家文獻之舊也。世有榮名，昭垂竹帛，……操觚十上，不能以矩度合有司，……今年逾艾，齒動髮華……』皆説明他出生於世家門第，自少年便已飽學應試有名，主考官嫌其太年輕，被改換下來。以後屢試不售。至萬曆五年（一五七七年），議將纂修省志，以守制在家之南吏部尚書林燫任總裁，應山參預修纂。先修成《福建府志》，時全省各府、縣志『方欲以次經理，大宗伯倏爾告逝』。志事寢廢。應山乃以一己之力，『自萬曆戊寅（六年，一五七八年），薦更裘葛。以宗伯所條貫，攟摭揚扢，爲記全閩，著其大者』『是編爲卷五十有五，凡四十萬餘言……其體嚴，其例該，不虛美，不隱惡，有古良史之風』。（摘自其堂弟王應鍾《閩大記序》）。應山《自序》亦云：『經始於萬曆六年戊寅孟春穀旦，粵三載辛巳仲夏望日書成。』又云：『今年逾艾，齒動髮華。』皆足證撰成此書時，王氏年纔五十歲。至萬曆四十年（一六一二年），八十二歲高齡時，尚且纂成《閩都記》三十三卷（是書逾二十五年至崇禎十年始刊行問世）。又據明萬曆間閩縣陳薦夫《水明樓集》曾有《閩大記·序》云：『吾鄉王懋宣先生，有司辟修郡志，爲總裁林文恪公（燫）所賞識，又修通志。會文恪卒，中廢。懋宣收所屬草作《閩大記》，起萬曆戊寅訖辛巳（一五七八年至一五八一年），凡若干卷。從兄懋復（應鍾）參知公爲之序。尋以疾輟，令子毓德足而成之。自壬寅（嘉靖二十一年，一五四二年）以後事皆毓德筆也。』又稱述：『懋宣所撰次，率後才具而先品格：叙「世家」則系以徽國，作「列傳」則冠以「儒林」，列「名臣」而陰以次爲低昂，考「名賢」則別其類爲論斷，撰「名宦」而不遺「流寓」，録「死事」而并及「武功」，才弗可廢、品有遺議者悉以「雜傳」次爲「貞節」之後，前奸宿佞、迷國誤朝則又以「前鑒」附焉。』陳薦夫與王應山父子同時相知，據此可知《閩大記》五十五卷，原本無缺。其子毓德所補續，亦衹限於兩三年間之近事。

今所見上海圖書館抄本，除缺佚七卷内容、擅改若干卷第篇目外，在卷四十七『武功』（缺）目下妄加一段『按語』：

『《閩大記》乃王應山未成之書。其卷四十七、四十八系「武功傳」，卷五十系「善行傳」，末册卷五十四、卷五十五系「外傳」即「前鑒録」也，俱未脱稿而歿。故其原稿俱缺。』

這應爲近世傳抄書賈之妄語，不可置信。其擅改卷第編目者，已發現有：原卷十五、十六當是『名宦』『寓賢』，内容既缺，則徑以卷十七『儒林』前移充抵，以下各卷隨而遷改者，不一而足。皆可于福建省圖書館殘本尚存之『述記韻語』『義例』『目録』中辯正之。

全書編例：以記、表、考、世家、列傳五者爲綱，各系子目，繁簡不一。底本總目録缺失。卷首有王應鍾序，陳元珂、林如楚題辭，吴文華讀後題詩并序。卷一列王應山自作總序，述記韻語（十二則）、義例（十條），原有圖經（福建府、州、縣輿地圖附海防）今已缺失，僅存短序。卷二閩記，擇自秦置郡以來，至明萬曆三十七年之大事，系年爲記。卷三至八，列省府州縣建置、文武吏治、唐進士、宋進士、明鄉試甲科、歷代薦辟等六表。卷九至十二，爲考四：山川、風俗、食貨、書籍。自卷十三以下至卷五十五俱記人物，分別爲：世家、名宦（缺）、寓賢（缺）、儒林、名臣、名賢、治才、良吏、忠節、孝子、逸民、文苑、武功（缺）、善行（部分缺）、列女、仙釋、伎藝、貢夷（缺）、前鑒（缺）。居全書卷數百分之八十。

吳文華評語有：『所著閩記，蓋一方之文獻系焉。回環拱服，要皆鑿鑿經世之談，持衡甚平，握鑒甚協。』殊非私家著述之輕泛者所可比擬。書中保藏明中葉全閩之豐富史料，足資研究。

閩大記序

往余聞閩有全志學士大夫言其載記猥瑣評隲失當無足采者墜廢曠佚九十載于茲矣兩臺諸公叶議脩纂芝山禪室冠履雲集以大宗伯林貞恒總其事吾郡福唐志成他郡縣方欲以次經理宗伯倏爾告逝余弟懋宣被命館局辱與宗伯共事感歲月之云徂傷哲人之莫贖編摩未就墜典無成綱羅舊聞自萬曆戊寅存更裘葛以宗伯所條貫擴摭揚扢為記全閩著

其大者間出际余曰君子得其時則駕不得其時則蓬累而行山與時違戾以樹尺寸幸與盛典惟虛靡廪餼是懼竊不自揆踵成此書其有用耶其無所用耶亟先一言維吾閩文獻于不墜庶幾後世有知我者即先狗馬溝壑不恨耳余惟昔人稱不朽者三立言次之善夫太史遷曰古富貴而名磨滅不可勝數惟倜儻非常之人稱焉遷遭李陵之禍既被僇辱幽而發憤隱忍須臾無死以竣記載之成誠恨私心有所未

盡恥沒世而文彩無以自表見也蓋左丘失明而國語著孫子臏足而兵法脩夫二人者誠無所用猶欲脩其舊業整其廢墜烈士殉名大都若是哉弟有夙志老而益壯其爲此書亦良工心獨苦歟弟年十五試場屋已策名主司嫌其少臨時易之濩落偃蹇以至于今居常好深湛之思門墻户牖皆置筆硯遇得疾書自喻適意捬髀雀躍即三旌不與易也瓶無宿舂恬不介意人或騃之弟好益篤是編爲卷五十有五凡

四十萬餘言皆憲章左國取裁遷固其體嚴其例該不虛美不隱惡有古良史之風傳曰中流失航一壺千金藉第令資適逢　世豈無所用吾則亦有名章徹與全閩海嶽不隨世磨滅矣昔揚雄作太玄貽誚子駿左思賦三都見忽士衡惟桓譚稱其絕倫皇甫謐為之延譽吾非譚謐之賢敢謂世無若人哉士有屈於不知己而伸於知己者自古而然是記傳晉安紙貴無慮覆醬瓿為也弟名應山字懋宣少與宗伯齊名壯

崙以來著述甚富此其一臠云

明萬曆壬午一陽月長至日

賜進士第大中大夫山東布政使司左叅政資

治少尹致仕前奉

勑提督學政河南按察司副使浙江監察御史

翰林院庶吉士七十四翁晉安外史王應鍾

懋復譔

闽大记

卷之序

閩大記題辭

詳覽閩記卷凡五十有五準大衍之數首閩紀以象太極次建置吏治選舉諸表以齊七政考山川風俗食貨書籍以奠四維述世家以則三統傳儒林以匯百川列傳二十八卷以應經宿孝子隱逸文苑以辨馮相氏之叙武功善行列女雜傳以志保章氏之變又為外傳以象四餘其文簡其事覈勸善而懲惡史氏之流匹也可傳必矣樵雲王先生雅志著述乃有懋宣氏以

成其美世家文獻豈虛乎哉昔人云揚雄亦有河東賦爲待吹嘘送上天媿余老朽未能耳

萬曆癸未孟夏日湖藩忝政致仕郡人陳元珂

王子於予有舊識博物洽聞全玉君子也頃緣纂脩通志復得共事于芝山禪室閲所作全閩大記叙事精鑿筆力矯健成一家言吾閩文獻不可無此書也予不佞荷敎多矣

國朝人物列傳已悉命侍書鈔録置之座右餘竢梓行得卒業焉

萬曆癸未仲秋既望廣東學憲邑人林如楚

閩大記　卷之序

讀王懋宣閫記帚言文賦諸集

不佞於有道之門久所企心偶附尺一遽辱謬與且大闢武庫示之令人目眩神駭應接不暇盛矣盛矣正猶武皇東征西討無不快意何謂夜郎爭漢大所着閫記蓋一方之文獻繫焉迴環拱服要皆鑿鑿經世之譚持衡甚平握鑑甚協昔人謂君家世有青箱信然哉甯李使君携之官遊殆有深意如鏟鐝完書印刷費當少助定不使師弦獨為君子也潦率言謝兼成二律

塵教幸莞存之

三益思逢未有因佳篇嘗見雜前陳自緣文獻闕天啓始假琳瑯作世珍書就斗間深紫氣衣成蘿碧遠紅塵誰言仲蔚蒿常滿曲逕猶多問字人其一

君家曾諗擅青箱灼灼瓊芝代有芳白雪自高王粲賦青雲那藉茂弘張網羅倏定千秋業緗帙頻窺二酉藏豈謂文章憎命達立言名在可誰方其二

萬曆乙未初夏三日

賜進士出身資政大夫南京兵部尚書叅贊機務致仕連江吳文華子彬甫識

閩大記卷之一

晋安王應山懋宣撰男毓德校

總序

閩海濱鄒魯自古記之矣山川總遊邑庠家大人課以經史與談往哲時事所期奮庸有以藉手山畏家嚴記憶不忘迨壯躡蹻諸郡凡大儒桑梓之鄉形勝要害之地川岳靈秀國華所萃民風物產所都在目睫間欲隱括成編未遑也林宗伯貞恒於予有夙好曩歲丁丑招致家塾

叨侍門燕，月聞所未聞。時大中丞龎公駐節全閩，以通志曠佚，雅意纂脩，聘宗伯總裁，晋督學趙宗師所遴郡邑之秀校讐役使山寺，在事齒稍長。凡國史郡乘，諸彥条訂，盡寓目焉。居無何，數公以遷秩行，志事中寢。予思糜費館餼，殫心數月，遽束高閣，良可太息。竊不自揆，奉宗伯詳定科條，以予所聞，攟摭論次，着其大者。明年己卯，大中丞耿公申議如初，山捧藩檄止宿芝寺，迺舍所事以勤館人。薦更裘葛，就稍復删潤成一家言手以鳴茲土文獻之盛宣揚鴻儒先哲賢士大夫之業有客過予撿卷而笑妄哉子之為也昔人言史有三長通志之任必當代名卿秉筆如椽片言衮斧今吾子職非着作才非班馬管窺蠡測以通志己任是滇夜郎爭漢大其不量矣野史氏曰唯唯否否予不聞乎士君子遭逢明盛各有為也宰執贊襄臺諫獻納翰英挾藻學憲品士藩臬郡邑敷澤詆庶將校吏士宣力疆場惟若甕牖繩樞之子欝欝窮愁著書

自見籍未通于全閩跡靡登于玉署記事纂言更僕難數顧予有述亦稗官野記者流而君匹之通志謬矣予家文獻之舊也世有榮名昭垂竹帛業已屈首受書所希尺寸生焉不辰頻遭大故操觚十上不能以矩度合有司薄游四方桂玉屢空樵牧閩山之陽褐衣扣角帶索而歌晚得廪食所入僅石妻子不免饑寒輒用經史轉授時髦饘粥於是以餬予口今年逾艾齒動髮華爰爲祈常非予所望及門髦士雲翼升沉

靜言思之憖覓所生藉令一旦先狗馬溝壑家大人疇昔所授其將無聞於世是用閉户搦管空文自見于徒嗤予之妄人尚未能閱予之窮而知其不得已也昔左太冲賦三都得皇甫嵩士序之洛陽紙貴予非太冲不足取重當世自述鄙意弁于簡端藏之名山傳之其人即有罪我以資拊掌而覆醬瓿予不敢辭哉經始于萬曆六年戊寅孟春穀旦粤三載辛巳仲夏望日書成應山謹識

述記韻語（凡十一首）

夏商漢封建武置吏晉安衣冠貞元文字逮于
有宋上國等埒
明興祖征市不改肆恢我
皇圖於億千祀稽古准今爰首閩記（其一）

虞帝肇州洛十二牧秦既罷侯閩猶荒服自立
冶縣始登吏牘歷晉唐宋因革反復我
明龍飛前元社屋藩總旬宣如輻有轂惟府州
縣如綱如目體統相承海甸以肅（其二）

周設三監漢遣八使罷守州牧縣稱長吏秩有
崇卑井俸不二象齒之焚碩鼠興刺蜚爾鸞祥
反用為鷙畏哉四知最雖六計爰述州箴告于
有位之綱之紀乃表吏治其三

成周俊造所賓三物秦薄經生專用刀筆四科
兼隆漢世以迄李唐右文遂分甲乙闢自貞元
振起南服宋制繁猥不可殫述士際
明時所希寥勿釋褐彙征盡膺朱紱其四

地靈人傑自古而然誰云名靈以龍以僊溥彼

閩越勝覽則全連閩疊巘凝碧揷天江流浩浩溪石濺濺滄溟東折滙彼百泉鍾祥孕秀于茲多賢按圖考跡乃記山川其五

廣各大川民生異族風氣攸同逝渡以逐閩區鄒魯絃誦此屋問俗今茲具云不淑損文致忠剎偽以樸何以告之登于清穆導之移之實維司牧是古非今記茲風俗其六

厥初生民所憂凍餓麻枲絮繒黍麥菽稻天施地生力作無惰山林川澤聖王利導口實幾何

董重克課朘之削之反用為禍斗北箕南誰挹
誰巖目擊時艱志茲食貨其七
書契既作記載遂繁三墳已謝六籍乃删百家
九流小道可觀柱史攸藏咸陽所燔聖遠言湮
散缺經残建邑兩坊遺編獨完汗牛充棟存肄
學官書籍有考悠久不刊其八
閩古百粤神禹後昆誅秦蹙項王爵漢恩武皇
之世芟夷無存醜茲王氏固始遊魂五季之亂
東南自尊紫陽朱子誦法孔門建安考亭雲仍

寔蕃效犨遷史附世家言其九

佳氣萃斯蔥蔥鬱鬱產生奇珍以炳以蔚歷數
前聞

昭代茲迄繼曹三省希顏四勿或作台柱或司
綸綍尊主庇民豈伊簪紱武緯文經中行獨復
翼以列女傳茲人物其十

緇黃所都釋老列僊呈奇現靈故老相傳藝術
多門亦各有專獻琛賜冊舟航海天姦諛已死
鑒戒在前禍福所兆響應昭然屏諸外記無涸

簡編

義例凡九首

閩記準遷固而作非謂春秋編年一字襃貶秦漢以來郡縣沿革已列建置茲不贅災祥兵事所關大體書之瑣細不錄名公往哲拔其尤者示激勸之意其一

建置表以藩司統所部八府二州府州統屬縣悉尊今制若前代因革及郡名里至疆域形勝之屬

一覽可鏡其二

文武守士諸臣所宗明時鉅細畢舉同異互是

前代官制不一序其大畧云耳其三

選舉五表唐進士閩人登科伊始悉書之宋進

士猥多惟以凡舉特奏諸科不勝書矣

國朝鄉舉為主甲科大書之不一名而複出歲

貢以學薦辟以代皆正途不可遺武舉例升椽

授尤不勝書者其四

四考法八書若山川若風俗若食貨若書籍識

其大者餘郡邑志備矣即下會稽之竹豈勝書哉其五

世家首無諸開國之始也用史記閩越傳以補郡志之畧次王氏僭竊播虐不得不書所用歐公五代史又次朱子如史遷以孔子序列三十世家之後東施氏捧心益其醜矣其六

傳首儒林以閩繼濂洛彬彬輩出即朱子集大成必遡流以窮源也列傳二十有八顯晦異齊品目不一予以類論次其行事若孝子若隱逸

若文苑若武功若善行若女德皆有補于世教特書之列女惟載死難貞婦令妻尤卓異者餘倫諸志不能遍及其七

閩自置吏以來治行班班可紀物望攸歸諸志悉倫予是邦最微賤妄肆雌黄滋罪矣若鄉邦賢者予不能家至周知惟據諸志為取舍附勢溢美評騭失當明有人非幽有鬼責其八

雜傳法歐公五代史悪夫士行不純白且以勗不二心之臣僊釋伎藝有足采者姦諛不可道

殿于外傳以　有臣不如諸夏之亡采其行

事備鑒戒焉其九

圖經有序

野史氏曰予覽輿圖徵我

明一統之盛也粵稽神禹玉帛萬國九州攸同

周制漢官幅員寖廣即浙東粵南猶未及貢矧

七閩荒服之外哉

皇朝御宇六合為家閩去京師萬里筐篚羽革

悉輸内帑米塩孤矢咸實九邊衣冠文物甲于

中州
聖德暨及猗歟盛哉予生長閩方采摭故實為
圖經弁于首俾人士得覽觀焉

福建府州縣輿地圖 海防附

會城圖

山川圖

武夷山九曲圖

閩大記卷之二

閩記 有序

野史氏曰：閩，百粵之疆也。黄虞以前邈哉，遡乎其詳不可得聞矣。周職方稱七閩，閩有七種，又云其服屬者七國，偕為七郡，汀州為八，非是。蓋猶與夷貊齒。秦漢之際為郡為國，廢興靡常。吳晉以降，始列州縣。迺衣冠文物肇于李唐，浸盛于宋，至我

明今日彬彬矣。其閒事變之大者，不可勝紀也。予故自秦漢以來耳目所睹記者，著于篇。治忽

汙隆之機其槩然矣
秦始皇二十六年置閩中郡
漢高帝五年封無諸為閩越王都冶（冶即泉今將軍山）
孝惠三年分東甌（今溫州府）地封閩越君搖為東海
王
武帝建元三年以東甌國徙江淮其地仍屬閩
越
六年封無諸孫丑為繇王封餘善為東越王與
繇王並處

元鼎五年越王餘善反漢遣兵擊之

元封元年繇王居股殺餘善以降封居股東成侯徙民于江淮虛其地

孝昭始元二年閩越遺民自立治縣屬會稽南部都尉

光武建武三年改治縣為東候官都尉仍屬會稽

順帝永和六年分會稽為東南二部南部為建安都尉始有候官（今福興泉漳四府）建安（今建寧府）南平（今延

平府漢興（今浦城縣）五縣（一縣無考）

獻帝建安八年王朗来奔侯官長商升助朗起兵孫策遣永寧長韓晏領南郡都尉賀齊為永寧長晏兵敗齊領都尉事進兵建安討平之立都尉府

吳永安三年以建安為郡改漢興為吳興增置建平（今建陽縣）東平將樂昭武（今邵武府）東安（今同安南安二縣地）凡領九縣（以後沿革並入建置）

晋太康三年城晋安（閩自無諸建國城冶為都至是刺史嚴高卜遷越王

山之南餘具雜志

元熙元年建安有男子化為女

梁大同六年漳州有九龍晝戲西江

昭泰三年陳寶應封侯官侯領閩州刺史

陳天嘉二年陳寶應據建安以叛兵潰伏誅寶應晉安侯官人先世為閩中著姓父羽有幹畧為土豪寶應反覆多詐梁時晉安民數反殺其郡將羽初扇亂後復為官軍鄉導覆諸反者威震一州侯景之亂晉安太守蕭雲以郡讓羽羽年老但總郡事令寶應典兵景平陳霸先輔政羽請歸老求傳位寶應霸先許之陳受禪賜爵通侯仍領會稽太守文帝嗣位加羽光祿大夫許通玉牒屬籍寶應娶畱異女矣安都討異寶應

遣兵助異又資周廸兵粮為寇臨川帝命討之詔削宗正屬籍寶應發兵拒守為章昭達所破寶應衆潰被執斬建康市初會稽有虞寄者僑寓閩中寶應賢而禮之寶應將叛寄數以書諭止有違言遂隱東山稱疾不出寶應令縱火焚所居寄堅卧不為動縱火者尋自救之至今名其處為虞公菴云

唐太宗貞觀十九年置泉山府兵

中宗嗣聖元年閩廣盜起李孝逸討平之

玄宗開元十三年慶雲見漳浦之梁山絢爛百里彌月而止

建中元年常衮為福建觀察使始閩未知學衮設鄉校躬為勸

講又延名士歐陽詹華甯禮之自是貢士與內州等郡人祀衮于學官先茲大曆間李椅為觀察使亦學有功

貞元四年福州軍亂逐其觀察使吳詵大將郝誠溢自稱留後

十七年福州劍池水赤如血

乾符五年十二月黃巢攻建寧焚之州人陳岩率鄉兵破賊巢再陷福州殺戮甚慘

光啟元年王緒自光州來奔攻陷漳汀二州至南安為其黨王潮所殺

景福二年王潮陷福州都將范暉死之潮自稱留後建州刺史徐歸範汀州刺史鍾全慕俱降于潮初潮未至閩人謠曰潮水來岩頭没潮水去矢口出其後潮入閩觀察使陳岩卒推潮為帥潮死其弟審知代之閩以為讖

乾寧四年詔改福州為威武軍授王審知節度使

五年福州黃崎江雷震水中巨石碎之

五代唐同光四年十月王延翰稱王於福州國號閩十一月王延鈞弒其君延翰自立更名鏻

長興二年建州刺史王延禀攻鏻兵敗見執鏻殺之
三年鏻僭帝號改元龍啟以福州為長樂府
七年王繼鵬弑其父鏻自立更名昶改元通文
晋天福二年昶起三清臺於城中日役萬人
四年王延羲誅昶并其妻子延羲自立更名曦
五年曦與其弟延政相攻為延政所敗曦自號大明皇立延政為富沙王
七年王延政攻汀州不克歸敗福州兵於尤口

八年王延政稱帝於建州國號殷
開運元年閩大將朱文進弒曦自立盡殺王氏
署其黨黄紹頗守泉州稱藩于晋
二年二月南唐兵攻建州王延政降
三年泉州留從效逐唐刺史而代之八月唐遣
其將洪延魯攻福州李仁達求救于吳越大敗
唐兵于白蝦浦吳越遂取福州仁達為其戍將
所殺初王氏甃城陶甎者悉以錢文印其上後入錢氏人皆以為先兆云
宋太祖乾德二年泉州陳洪進内附詔改清源

為平海軍授以節鉞

太宗太平八年八月金部員外奚嶼請置福建塩場從之

雍熙四年甘露降興化羅漢峯

至道二年建寧大水壞官民廬舍福清長樂兩黑豆

咸平二年甘露降于泉州

大中祥符元年福州有芝生於龍眼樹

二年福州荔枝樹產芝

七年漳州漁人獲異珠圍三寸傍六小珠綴之
天禧四年甘露降于邵武
五年甘露降于泉州
乾興元年延平産麥一本五穗
慶曆三年蔡襄知福州兼福建轉運使
皇祐四年延平産嘉禾
至和三年蔡襄知泉州尋改福州
嘉祐三年九月蔡襄復知泉州成萬安橋
七年召福州處士陳烈為國子監直講不至

治平四年汀州有相木其文曰天下太平

端明殿學士蔡襄卒

神宗熙寧六年三月監安上門鄭俠上流民圖

下獄編管汀州

樞密直學士陳襄卒

元豐三年五月同平章事吳充卒

哲宗元祐元年順昌產嘉禾

紹聖三年泉州產嘉禾

此條原本恐係錯誤

政和四年建寧　產來數萬石有木連理

七年甘露降于泉州味甘如飴三日未晞

靖康元年八月福州軍亂殺其知州事柳廷俊

二年以李綱為尚書右丞充京城守禦使

建炎元年以李綱尚書右僕射兼中書侍郎

二年建州軍校葉儂等作亂先是校卒張員殺守臣張動轉運使毛奎攻之弗克員尋伏誅至是餘黨復亂寇福州遂陷寧德詔統制張俊提刑趙哲討之斬儂建州

三月御營前軍將楊勍叛焚建州大將劉光世招安之七月建州民范汝為作亂官軍討之屢為所敗其冬

汝為降授統制令罷遣其衆汝為不奉詔

四年九月甲寅朱子生

紹興元年廣賊龔富圍南劒州范汝為復叛韓世忠討平之

先是汝為雖降不肯散其衆崇安建陽民熊志寧為之黨也攻崇安建陽二邑陷之建州守王俊棄城走汝為遂據建州分兵四掠統制辛企宗李山與戰屢敗賊益熾閩中大震其冬賊遣葉徹寇南浦再為守臣張嚮所破賊乃斂兵少却湖南安撫使孟庚統制韓世忠奉命討之圍建州汝為窘迫自焚死世忠欲屠其城故相李綱時謫福州聞之亟止世忠世忠欲別有罪者誅之且謂父老曰活汝曹者李丞相也汝為起群盜撲之吾耳時朝廷政弛辛企宗等敗軍但追三官謝向奉命撫招黨於賊施達歐陽潁士吳宗陸崇建州士人也為

賊用皆赦不誅惟編胥遠州故紹興間盜蜂起政使然矣施遠即宜生事詳前鑒

范賊餘黨張海寇建陽

二年福州饑斗米百錢建寧大風壞廬舍五千餘家雨雹如果實

八月順昌賊余勝作亂伏誅

六年四月命福建安撫司發水軍討海賊鄭廣

十年正月提舉臨安府洞霄宮李綱卒于福州

五月福建廣東盜起命兩路監司協剿之

十三年泉州盜曾少龍起司徽鄭振死之時群盜四

起寇掠郡邑衆數萬計

十四年贈李綱太傅

十二月汀賊華齊等寇長泰將佐趙成戰死是歲蠲汀漳泉建四州民連負賦役以經賊殘破也

十五年遣後軍統制劉寶討福建群盜悉平之

十八年尤溪雨黑豆

二十年六月建州民張大一本作亂伏誅

二十五年竄前知泉州宗室令衿于汀州坐譏訕秦檜得罪

二十九年福州大水漂諸縣田廬詔黜憲

臣樊光遠坐壅民疾苦不以上聞

乾道二年福清縣石竹山有大石自移聲如雷

胡銓知泉州復改漳州

四年十月以陳俊卿尚書右僕射同平章事兼樞密使

淳熙四年少師魏國公致仕陳俊卿卒

九年梁克家為右丞相

十四年儀國公梁克家卒

紹熙元年建安大雨雪峒寇張海作亂民避入山者多凍死海轉掠浦

城焚數百家

留正進左丞相

十二年贈楊時少師謚文靖

慶元三年邵武大旱井水竭人多疫死

六年三月甲子朱熹卒

嘉泰二年建安山崩壓數千家

開禧二年七月少師觀文殿大學士留正卒

嘉定二年賜朱熹謚文

十一年海賊寇泉知州事真德秀討平之

十三年福州大饑人食草根

十七年福州延平建寧大水侯官柑蔗皆漂數百家水口鎮民廬皆盡

紹定二年汀邵賊晏彪等寇泉漳招捕使陳韡討平之群盜又寇古田寧德

三年汀寇焚漳州漳連歲有警及李韶為守民始獲安堵韶書其東門曰武勝止戈之義也

五年知泉州真德秀遣兵敗海寇于沙陶其將王大壽戰死之

端平元年建陽盜起焚掠邵武麻沙長平詔殿
司選精銳千人討捕之
淳祐元年贈太師徽國公朱熹從祀孔子廟庭
七年詔移淮淅米二萬石賑福建被水人民
十二年建延邵俱大水溺死者甚衆有詔賑恤
寶祐六年山寇犯永春鄉民陳士英率兵追之
戰死
景定元年建陽獻禾一本十五穗詔改其縣為
嘉禾

德祐二年正月福建路馬軍總管沈世隆降于
元
丞相文天祥開府南劍經畧江西（處士謝翱參謀軍事）
十一月元兵入福建提刑招捕使王積翁守臣
王剛中田真子滿壽庚黃萬石以福泉劍諸州
迎降興化城陷陳文龍死之（時陸秀夫張世傑奉御舟航海次于）泉州招撫使蒲壽庚以泉降于元盡殺宗室及淮兵之守城者是時郡縣多降于元元宣撫使陳文龍守興化王剛中遣使諭降文龍斬其使元遣使者諭降文龍又斬之勒兵固守元人攻圍日急尚書兼格捕使方應發亦勸文龍降文龍怒執戈逐之衆救得免會步將林華叛城陷文

龍死之南劍黃萬石欲以全閩選欵為己功守臣林起鰲閩二王入閩率兵拒萬石兵勢稍振然大事已去雖有忠志之士無可奈何

景炎元年五月判福州益王昰即帝位升福州為大都督府是歲陳文龍叔瓚謀誅林華起兵復興化城張世傑以淮兵討蒲壽庚圍泉州陳瓚率家兵五百人會之世傑軍大振元行省丞相唆都救壽庚世傑力不敵解圍去元兵遂屠興化城血流有聲陳瓚死之積翁壽庚事詳前鑒

二年元兵破汀關文天祥移屯漳州汀守王去疾以城降于元元將董文炳帥師入福州秋毫無犯閩人祀之

元至元五年降臣王積翁死于日本積翁為宋守臣獻地圖迎降于元兵授中奉大夫累官刑部尚書江西行省叅政奉使遇害

十七年陳桂龍據漳州反行省唆都討之桂龍之入畬洞時行省所部有顧總管聚黨劫掠海商為興諸郡患閩中降元者屢叛福州有林天成作亂被戮陳吊眼廖得勝作亂汀漳間歷一二年方定

二十年蠲建寧逋賦畝稅時建寧總管黄華起兵稱宋祥興二年衆數萬人犯建陽崇安諸縣圖建寧詔卜鄰吉史弼等討平之華自殺後其弟福亦謀變事覺被戮

二十五年廣賊掠漳浦泉賊掠長泰汀贛畬賊

掠龍溪行省討平之
二十六年泉州南安陳七師反群盜陳機察畬民丘大老等寇漳州諸縣行省兵破之
叅政魏天祐請鑿山錬銀擾民被黜
大德元年福建平章事高興請採大梁山水晶不許
至治三年泉州留應總作亂伏誅
至正六年汀州羅天麟作亂行省討平之
十二年閩諸路寇起清流人陳有定討平之

十八年偽漢陳友諒寇邵汀建寧諸郡有定率兵禦之屢捷孫壽輝偽將陷福寧寧德諸縣

二十二年泉州賽甫丁據福州為行省平章燕只不花所敗還據泉州元自至正以來姦相擅權政事不綱地方多事閩中又有亦思巴奚白牌大濶等寇與陳同柳伯順治兵相攻興泉諸即民不聊生及陳有定以行省檄討之二郡始免于禍甫人吳源記其事授陳有定行省參政

二十四年有定繕福州城

二十五年金陵將胡深畧地福建陳有定率兵禦之戰于建陽深敗見殺有定移鎮延平

二十六年八月陳有定為行省同平章事
二十七年陳有定繕建陽大潭城
十一月吳將吳美攻邵汀諸路李文忠屯浦城
十二月征南大將軍湯和由海道取福州行省平章曲出遁去宣政院朶耳郎中栢帖穆耳侍御史韓準死之王師所至市不易肆閩人德和最甚此之董文炳
大明洪武元年正月湯和克延平執陳有定歸于京師殺之諸路俱降
二月征南將軍廖永忠副將軍朱亮祖平福建

進取廣東
三年倭寇登萊轉掠浙閩並海諸郡
五年八月倭寇福建
九年三月免福建田租福州處士吳海卒
十四年閩盜起南雄侯趙庸討平之
二十年夏四月江夏侯周德興防倭福建築城練兵
三十五年九月以楊榮為翰林脩撰直文淵閣是歲為建文五年榮歸附守其舊官後建文年號革除故稱洪武三十五年

永樂七年春正月太監鄭和自福建航海通西南夷造巨艦于長樂時稱鄭和為三寶下西洋師還閩中從征將士陞賞有差先時長樂縣有十洋城市狀元來之讖至是造舟于此乃應後馬鐸李騏俱大魁

十年長樂首石山鳴

二十二年閩浙盜起尋撫定之

九月加楊榮太子少傅兼謹身殿大學士

宣德二年二月陳山為戶部尚書兼謹身殿大學士直文淵閣

三年十二月福建樓濂反伏誅濂建陽人詭稱七府山齊王製

王冠服謀不軌縣發其事械至京師伏誅株連数百人

正統二年二月宋儒胡安國蔡沉真德秀從祀

孔子廟庭

秋七月少師工部尚書兼謹身殿大學士楊榮

卒

十年漳州地震日夜九震山崩石墜鳥獸之屬皆辟易飛走

十三年夏四月沙縣鄧茂七反總兵都督劉聚

副總兵陳榮監督軍務都御史張楷率師討之

初御史柳華立保甲法縣以茂七為保長遂得號召其衆又有尤溪人蔣福成者鼓鑄雄里中

乃集其徒應戌七閩帥率兵禦之為其所殺賊益熾日夜攻圍延平城分兵襲諸縣八郡大震事聞朝命都督劉聚都御史張楷討之賊猶未下閩福州山寇因而四起攻劫古田連江諸縣會城戒嚴避寇扶携而入者日以千計侍郎薛希璉巡撫福建提督軍務十一月副總兵陳榮戰沒

十四年春正月征夷將軍寧陽侯陳懋保定伯梁珤平江伯陳豫監軍太監吉祥陳梧叅賛軍務刑部尚書金濂率師福建討賊鄧賊寇建寧掌府事叅政張瑛死之二月鄧賊復攻延平都督劉聚禦之賊敗伏誅張楷還浙討賊金濂陳

懋留守福建

初賊起倉卒郡縣有司不知所為茂七等衆至數萬摽掠殺僇不可勝計監軍内使多從官校逼使守令民不聊生泉州守熊尚初延平守某都指揮張某晋江簿史孟常陰陽正術楊仕洪皆與賊戰死邵武守楊衛倫禦有功官校索賄諧而害之寇不即克閩中幾殆當是時鄉兵有擊賊者延平人鄭延壽張彥祥劉汝懋饒伯員傳保邵武人李剛泉州人李思鄒武成郭榮六俱死于賊汝懋彥祥素驍勇前後所殺賊甚多既被獲賊不忍殺欲脅從亂罵不絶口其死尤烈南平生員林埜大田蔣伯良皆以破賊得官是役也都御史張楷功多為總帥監軍搆誣竟以獲罪 朝議始事者以監察御史都華柴文顯等咸寘重辟得禍最酷閩人怜之茂七雖死于亂兵其黨餘寇猶盛開國以来閩中兵變此其禍首云

十月鴻臚卿趙榮使北朝

上皇於土城

十一月寧陽侯陳懋尚書金濂討平福建群盜

景泰元年秋七月侍郎趙榮再使北

鄧寇餘黨羅丕等寇沙縣尋討平之鎮守刑部侍郎薛希璉巡按陳員韜撫安福建被寇郡邑（員韜台州人選之父）

二年冬十二月閩浙盜平孫原貞為兵部尚書鎮守浙江福建

六年六月朱熹裔孫梴世襲翰林院五經博士

奉祀

天順五年漳州大水洪山崩

六年汀州溪南賊叛有司討平之

成化二年十二月上杭盜起都御史高明討平之

三年十二月刑部郎中彭韶下錦衣衛獄尋釋之

五年福安大水都御史張瑄巡撫福建瑄江浦人官至尚書

十年漳州大水是年有大鳥止于郡庭其高丈餘其秋漳大水溢城溺死者浮屍蔽江

十三年會城還珠門火十四年上杭賊鍾三作亂　詔起都御史高明封平之尋辭疾歸

十七年福州大疫先是長樂十八都突起小阜高四尺踐之輒陷明年復突起一阜于其左廣袤五丈餘是歲福州大疫民多死　長樂半占山崩

十九年六月福州大風閩侯懷長樂連江福清羅源永福閩清同日大風拔木發屋江海閩舟漂沒無算死者千餘人

二十年福州地震有聲

八月刑部員外郎林俊下獄謫官

二十一年四月福建大水自三月雨不止至于閩四月福州延平建寧邵武泉州汀州六郡俱大水延平尤甚舟船由城上往米

二十三年上杭賊劉昂作亂有司討平之

興化大無麥禾

弘治二年四月福建通誌成閩自唐林諝撰閩中記宋梁克家撰三山志其後事多闕略成化二十一年鎮守太監五羊陳道聘前太史黃仲昭為總裁陶僖龔章黃洙熊晟等纂脩耆儒張元紳與焉凡五閱歲其書始成司寇彭韶序之仲昭莆人福州諸郡事多放失

八年上杭賊劉廷用等作亂有司討平之

九年春正月追封楊時為將樂伯從祀孔子廟庭泉州安溪三公峯崩有聲如雷

十一年芝產於長樂靈峯山

十二年甘露降于順昌

正德元年廣賊寇漳泉

夏四月林瀚為南京兵部尚書叅賛機務

二年林瀚落職致仕以逆忤瑾詳本傳

汀寇李大四作亂有司討平之

三年月福州還珠門火

十二月以蔡清為國子祭酒未上卒

十年十二月監察御史孝廉陳茂烈卒

十一年月福安大火城中居民所存数家

十二年福泉二郡地震有聲是歲閩地凡五六震

五月雷震東城福州三衛軍士作亂初官軍月粮餉八斗時給之價布政使伍符以糴賤裁之衆訴御史議未定有進貴葉元深者富而黠遂鳩黨盟城隍鼓譟通衢鍵七門守之執伍布政子并壻將殺馬城中大震致仕都御史林廷玉副使高文達出諭乃定至八月貴等復亂大索城中金銀聚衆屯開元寺林中丞高憲副復出諭不聽兵

倫副使李志剛黙計討之有姚景逋者亦貴黨
也以分金不平請為内應李與鎮守謀遂令北
門軍攻貴貴走追斬之盡殪其黨類

十四年安溪地震有聲

三月下兵部郎中黃鞏錦衣衛獄時鞏等伏闕疏諫南巡命逮詔獄杖闕下謫戍除名降調有差

秋七月逮司禮太監蕭敬下錦衣衛獄尋釋不治

九年南京兵部尚書林瀚卒

嘉靖元年邵武大饑

二年正月廣賊復冦漳泉二郡合兵倫欒劉富旺鍾旺輝允之漳州通判施福泉衛經歷葛彥皆爲所擄官賂之金乃還判二人七月轉冦興化殺戮無筭官兵將討畏其强不敢進獨福寧兵與賊戰殲焉賊大掠趋海道去時吳叅議與耿都司追賊閩大怨其緩賊吳贊一月謡曰耿都司領兵一進三步退三步吳少叅討賊開一眼閉一眼

三年廣賊復冦永春御史簡霄檄僉事聶珙督諸縣兵討之龍溪令黎良以兵會戰大破賊于德化

四年梅花鎮有海異瀆海水忽變赤色信宿而清魚蝦可數

四月福寧州海市現大全千户所有五山浮于海中峯巒甚奇上有草木

衆皆見之移時乃滅盖海市云時二十九日也

五年福州大旱興化大無麥禾

六年處州礦賊掠福寧

七年甘露降于漳州

福安大雨雹

九年正月福州獄囚反殺三人斬關趋連江遁海時二十九日也候官令黎文會好飲守獄者得因全解縱之有林汝美故縣吏也以殺妻論死車小二郡劇盜也二人私以兵器藏于依中入獄晨卒衆破狴犴出殺候官入又破府獄因縱之趋南門將逃于海適諸司晨候御史于察完外署按察司官未至賊遂殺布政查約参

議楊瑀都指揮王翺按察司經歷周煥餘各艄垣避之賊遂由井樓門斬關而出直趨連江航海遁去官軍追者竟無所獲有送賊至連江之謠後有撰郭長公序者謂豪街之首相屬未必然也周經歷之死于賊也有一僕亡其名以身翼蔽其主賊併殺之

三月都御史胡璉以獄事至遂命巡撫未幾召還

十三年二月雷震福州萬歲寺浮屠火之時向晚火光照城中外如巨燭然

十六年礦賊寇福安訓導李泰督戰死之

十七年甘露降于同安縣疑木米如飴人爭採之御史李元陽奏薦

太廟下諸郡索銀甕

十八年秋七月福州颶風大作屋瓦皆飛樹木盡拔烏石山有亭墜飛田中

二十二年慶雲現興化壺公山

二十三年福建大饑巡按何維柏賑之維柏廣東南海人由翰林庶吉士入臺出按閩中是歲八郡大侵殍者載途維柏出廩粟設法賑發賴以存活者不可勝計未幾劾相嵩罪狀謂李林甫盧杞秦檜史嵩之合為一人也疏入世宗震怒命錦衣官校逮赴詔獄維柏從容就逮板送號哭者震動原野

二十八年獲夷船于漳州佛郎機夷素強悍有稱矮王者其酋也以

船載貨至漳州漳人私與交易其謀叵測巡海都御史朱紈檄副使柯喬都司盧鏜襲之以兵遂獲夷人百餘送軍門殺我民與通者九十人紈性方嚴重繩下吏當事者不悅言官因論喬鏜多殺不辜遣給事中杜極廉其事寘喬鏜重辟久乃釋紈罷去諸夷縱遣還其國久之海禁復弛閩自是無寧歲矣

二十九年福州地大震海寇長樂

三十年隕石于連江有聲如雷

三十一年福州烏石九仙二山土產珠着手輒碎識者謂不祥之兆四月總督湖廣川貴軍務副都御史張岳卒于師

三十四年倭寇福清海口鎮殺數百人大掠而去

漳州獄囚反火縣廨

三十五年興化空中有聲福興泉漳諸郡訛言

妖恠民開訛言有海騮精狀如螢着衣裾能令人昏瞶必死家家不敢眠夜擊金鼓若防叵寇時有道士市符者謂能治之有司察其奸偵捕甚急道士逸去數月乃息疑此妖道士所爲也

四月福延建邵汀大水時永安縣安沙鎮水異常縣幾沒所漂室廬甚夥屋材器物棺槨蔽口而下數日乃已

三十六年二月初九日倭寇福州閩濵海最患倭寇國初鎮戍聯洛海城按堵百數十年嘉靖中禁防漸弛漳南之民勾引嚮導寅緣為姦利戍兵單弱莫遏其衝時阮巡撫鶚由浙江監司超拜御史中丞單車入閩席不及煖四方召募未集倭寇如蝟已至內地肆行居戮變起愴悴會城有倫賊亦遁去

三十七年閩縣有李樹生桃福清豕脫殼肉赤如丹四月倭寇福興泉諸府是歲倭再寇福州虐焰益熾分黨寇泉州惠安令林咸與戰死之賊陷南安分其黨掠興化又陷福清時巡撫阮鶚為言官中傷已去

三十八年倭寇興化分兵陷永福廣東賊張璉以二千人襲漳州雲霄城

三十九年三月倭寇福州時劉巡撫燾下令大開城門不禁往來親率兵追賊于閩安鎮倭素聞其威名遁去

四十年倭寇興泉倭攻惠浦村屠之浦水為赤時閩中大亂泉州人呂尚四謀反陷永春城又有洪朝堅許朝光等及漳州月港稱二十四將者負海倚山肆行摽掠各聚衆應倭晉江王彥班者為賊耳目泉州守熊汝達計擒殺之廣東僉事張晃泉人也遣兵衛海舶輸粟于泉由是飢民得食守者始有固志

四十一年元旦福州地震

三月福州軍亂時古田山寇竊發游巡撫震得檄指揮王豪討之以通判彭登瀛監其軍彭與王爭礼不相得歸譖游巡撫召隊長四人斬之三衛軍士郭天養等由是鼓亂

殺汀州兵數人圍監軍副使汪道昆于教場擁入南門城鄉官侍郎馬森叅政陳元珂出撫諭之乃散軍士自是益驕

四月十一日吏部尚書李默卒于錦衣衛獄事具本傳

八月倭寇福寧復圍福清叅將戚繼光大破之

時閩中倭寇未已游巡撫震得告急于浙督府胡宗憲遣叅將戚繼光將萬人入閩道趨閩繼光御下嚴所過居民無擾閩人大悅家具簞食壺兵繼光自温州入境先平寧德雲淡門諸賊遂躡福清賊于牛田斬首千餘級逕赴江死者萬計復移兵襲興化賊連破六十餘營賊横尸數里又大破賊于晋江戚兵以賊平復歸于浙

十月福州軍復作亂時三衛軍郭天養等復謀作亂衆謀鼓樓前索月粮三司公署皆晝閉天養等益驕馬侍郎復出諭解之

十一月倭寇陷興化城先時興化連年雨毛紫帽山鳴三日夜不止又有異獸渡海狀類羊大如馬海濱人皆見之是時倭患孔棘人知其非吉兆矣郡新表守以延平同知奚世亮攝之未能行令分守翁参政時器非統禦才也浙兵戰勝犒賞薄故不肯留戚將旋福寇復至矣倭寇不滿千人衆幾萬大抵漳人郊野無所掠遂圍其城游巡撫檄劉總兵顕救之駐兵江口不敢進先遣他將將二百人嘗賊至則一軍盡没賊乃衣其衣詐為劉總兵使者八人縋城而上衆皆疑之翁参政不疑也令守者釋析弗鳴八人者夜半遂斬関納賊城中士女奔逃莫知所向屠戮不可勝計賊焚民居火月餘不息衣冠之禍自元至正以來未有也

倭寇再攻福清福安寧德諸縣

四十二年二月起復譚綸為都御史戚繼光充總兵福建倭寇悉平輔臣徐 階與兵部尚書楊博言于 上起復浙江叅政譚綸為都御史督撫福建擇戚繼光都督充總兵官發南京內帑二十二萬足其軍輸譚巡撫至以健兒千人自衛召福州衛卒郭天養數其累歲倡亂斬于轅門新法令具餱粮為滅賊計繼光智勇冠軍將浙兵萬人部伍整暇雖涉阻險師不得亂閩人始自更生之望四月十三日戚總兵大破賊于興化既平移兵解福清之圍亦斬千餘級妻屯海上盡遁去不敢再圖入寇譚軍門又遣諸將討平山寇由是流亡復業甘食其土矣

四十三年漳州大水

四十四年泉州大雨雪

隆慶元年詔蠲福建逋稅

永春縣岐山崩

詔復李默官爵賜祭塟謚襄愍

三年廣賊曾一本寇漳州

萬曆元年　月提督軍務兼巡撫福建都御史

殷從儉卒從儉廣西桂林人嘉靖甲辰進士為都御史督撫節用愛人蠲除煩苛嘗著八閩政畧皆所施行者閩人鼓舞相慶怨嬰疾卒聚哭者如喪私戚歸櫬日民設祭于路肩摩踵接所歷郡縣皆然閩人又建祠于城西尸祝之

二年八月晝暝空中有聲如雷地大震方山有巨石墜于田聲從西北至東南而没諸郡皆然地震最甚者然亦無他應也

五年巡撫龐尚鵬奏蠲福建民間未輸軍餉銀二十二萬兩龐巡撫廣東南海人下車叶議更弊政罷商税革舖夫行賦役條鞭法民甚德之踰年罷召入内臺為言官所中傷未赴守制家居服除尋卒閩人聞訃即所建西郊生祠哭奠不絶

六年五月福州大水損稼什之八

秋大旱

八月新作貢院宋元祐乾道間在郡庠之北今南察院也

國初因之成化辛卯御史洪公性移建藩治東北隅背負屏山東南爲歐冶池規制稍宏正德丙子御史胡公文靜復拓而新之其後又闢前衢賓興之歲輙有脩葺萬曆戊寅春爲使人寫館弗戒于火廼謀更作鳩工庀材御史款鯤申餙所司制益弘麗越明年六月竣事都御史耿定向爲記

九年七月初十日福安大水縣城陷沒幾半

十四年四月二十日寧德飛粟數千石奇形異狀潸然有聲積成山阜移時飛去分巡僉憲王乾章上其事于軍門以爲甲兵之象閩府不悅

十八年福州等府正月不雨至于秋八月

十九年夏福建大旱

二十年三月二十五日有星隕于閩縣東南者三日過午有聲殷然如雷星隕于閩縣黃山後坂三處相去僅五里烱氣晝暝初下時猶紅紫色徐鋤之則石也

閩大記卷之三

建置表

藩府州縣建置表有序

粤若黃虞建邦肇州侯牧熏資成周之隆千八百國綦布星列始皇分天下為三十六郡置守尉監封國建侯之制澌滅殆盡經生學士輙用太息達于理者謂世運推遷政有因革稽古準今與時消息不必皆封建之是而郡縣之非也我閩縣宇以来分合參伍代各不同予嘗究心採討次其後先悉以

昭代建置為主尊

王制也序統率則綱紀不紊矣稽沿革則古今可推矣辨星域則經緯有章矣紀廣袤則景員無缺矣覽形勝則防禦足籌矣一表而五事備宦于斯產于斯可以觀焉

福建等處承宣布政使司古閩越地周職方為七閩秦為閩中郡漢高帝建國王無諸武帝徙民江淮虛其地後立冶縣屬會稽南部都尉建安初始有五縣曰侯官（今福興泉漳四府地）曰建安（今建寧府）

曰南平（今延平府）曰漢興（今浦城縣）其一無考後增置建平（今建陽縣）東平（未詳）將樂（今將樂縣）昭武（今邵武府）東安（今泉州南安同安二縣地）凡領九縣晋置晋安郡梁增南安郡陳升閩州領三郡唐武德元年改建州八年置都督府治泉州（今福州府）領泉建豊三州嗣聖三年置漳州又置武榮州景雲二年改泉州為閩州都督府改武榮州為泉州并建漳潮五州屬焉開元十三年改為福州都督府二十一年置經畧使以漳湖歸嶺南領福泉建汀四州二十四年

開福撫二州山峒置汀州後改福州為長樂郡上元元年升福州都督府為節度使領福泉建汀漳潮六州大曆六年罷節度置都團練觀察處置使以潮州歸嶺南其後王潮據有此土乾寧三年升威武軍以潮節度梁開平三年封潮弟審知為閩王貞明六年升為大都督府天成元年審知子延翰僞建大閩國唐長興四年僭號改元晉天福八年王延政以建州僭號稱殷國開運二年復稱閩王以福州為東都領福泉

建汀漳鏞今將樂縣鐔今延平府七州未幾為南唐所滅後留從效據泉漳二府南唐升泉州為清源軍以從效節度漢乾祐元年閩東都留守李仁達舉國歸吳越錢氏南唐改鐔州為劍州周廣順元年改福州為彰武軍宋建隆三年陳洪進節度太平興國三年洪進及錢氏俱納土復為威武軍領福泉建汀漳劍六州省鏞州析建州邵武縣置邵武軍四年析泉州游洋鎮置興化軍雍熙二年始為福建路景德間置安撫使以福

州守臣兼領大觀元年升帥府尋罷建炎三年復升帥府元至元十五年置福建行中書省治福州改置宣慰使司尋罷後改提刑按察爲肅政廉訪司大德元年立福建平海行中書省徙治泉州後改宣慰都元帥府仍治福州至元十六年復行中書省元末陳有定爲平章據而守之

國朝洪武元年盡平其地置福建等處承宣布政使司領府八曰福州曰建寧曰泉州曰漳州

曰汀州曰延平曰邵武曰興化州一曰福寧其域揚其分野牛女其疆里東至于海西至于章貢北至于温處南至于潮惠廣九百二十五里至

京師六千二百三十三里其形勝南望交廣北睨淮浙有三關（分水僊霞杉關）五寨（南日山小埕烽火門浯嶼銅山）隱然金湯之固焉

福州府治會城漢建安初為侯官縣晉太康三年升為晉安郡劉宋改晉平尋復為閩州後

改豊州隋改泉州又改建安郡唐初改建州復為泉州又改閩州開元十三年改為福州天寶初改長樂郡後唐長興四年偽閩升長樂府後稱東都宋初改為福州淳祐中領縣十三景炎元年端宗即位升福安府元改福州路領録事司一（在城四隅）州二（升福清為州升長溪縣為福寧州）縣十一（寧德福安二縣隷福寧州）

國初改為福州府領縣十三成化九年升福寧縣為州以福安寧德二縣屬之直隷布政司萬

曆八年省懷安縣初治石岊從于會城入侯官今領縣九曰閩附廓統圖一百一十有八曰侯官附廓先統圖六十有八今益懷安四十十五圖共一百一十三圖曰古田有玉田舊產青玉統圖五十有三曰閩清梅溪之上統圖七曰長樂邑名吳航新寧統啚一百一十有五曰連江縣名鳳邑統圖三十有五曰羅源羅溪之上統圖十六曰永福舊名永泰統圖九曰福清邑名玉融統圖一百二十有三其郡名晉安南渡衣冠避地于此長樂居者安之故名三山越王九仙烏石福唐古名未詳合沙南臺有識東治今将軍山在劔池之上越王無諸建都于此其疆里東際海西抵南平北抵福寧南抵莆田廣四百四十

里袤四百四十五里環山沃野吻海派江為東南大都會焉

建寧府在會城西北五百里而遥漢為建安縣屬會稽南郡吳改為郡領十縣仍治建安隋廢為縣屬泉州（今福州府）唐武德初屬建州（亦今福州）四年移建州於建安領縣六天寶元年隸長樂郡復為建安郡乾元初復為建陽隸福州都督府後為王氏所有晉天福八年王延政僭號建國稱殷開運二年改號曰閩南唐改為永安軍又改

忠義軍宋改建州屬威武軍端拱元年升建寧軍節度紹興三十二年以孝宗舊邸升爲建寧府元改爲路

國初復爲建寧府領縣七曰建安附郭統圖一百五十有四曰甌寧附郭統圖一百九十有九曰浦城初名漢興又名吳興唐興武寧統圖一百五十有八曰建陽本建安縣地初名建平又更嘉禾統圖一百一十有八山川文物為諸邑冠曰松溪本建安縣地初為松源鎮統圖六十有八曰崇安本建陽縣初名溫嶺鎮邑有名山大儒統圖八十有四曰政和統圖五十有九曰景泰六年增置壽寧統圖二十有五其郡名建安漢時縣名建溪舊建

州富涉今大洑州東甌未詳其疆里東抵福安西抵順昌南抵南平北抵江西上饒廣四百五十里袤四百里襟山東水溪行石中為八閩之上游

泉州府在會城西南四百里而遙梁為南安郡隋廢為晉安縣屬泉州今福州府尋屬建安唐初屬建州五年析為豐州今福州府貞觀初併入泉州嗣聖十六年置武榮州治南安尋廢為縣還隸泉州亦今福州十七年復置景雲二年改為泉州即今府治天寶中改清源郡乾元初復為泉州光啟初為

王潮所據晉開運初留從效據之升為清源軍節度後為陳洪進所奪宋初改平海軍節度太平興國三年洪進納土復為州領縣七元升泉州路總管府至正十八年立泉州分省元末陳有定平諸寇據而守之

國初改為泉州府領縣七曰晉江附廓統圖二百六十有二曰南安郡城之南統圖四十有八曰同安縣名大同銀城統圖四十有八曰德化縣有龍潯以山水名統圖十三曰永春桃源之東統圖十四曰安溪舊名清溪統圖十六曰惠安郡城東北統圖三十有五其郡名清源泉山

有洞武榮唐名郡桐城繞城樹刺桐温陵其地不寒其疆里東南並海西抵長泰北抵尤溪廣二百八十里袤三百八十四里環山障海為東南之巨鎮

漳州府在會城西南六百八十里唐嗣聖三年郎將陳元光平廣寇請於泉潮之間置州遂析福州西南境為漳州領漳浦縣開元四年徙治李澳川今漳浦縣二十二年改隸嶺南經畧天寶元年改為漳浦郡還隸福建十年又隸嶺南乾元二年復為漳州上元初還隸福建貞元二年徙

治龍溪光啟初為王潮所據其弟審知復有之晋開運中朱文進以程贇為刺史留從效殺贇據州南唐改漳州為南州宋初陳洪進有其地乾德四年復為漳州元改漳州路至正八年立漳州分元帥府二十二年右丞羅良據其地二十六年陳有定取之

國朝改為漳州府領縣五成化四年置漳平縣正德十二年置平和縣嘉靖八年置詔安縣四十四年置海澄縣隆慶元年置寧洋縣今領縣

十曰龍溪附廓統圖一百六十曰漳浦舊為州治統圖七十有六曰龍岩縣有龍岩山統圖六十有八曰長泰舊名武安統圖十九曰南靖舊名南勝統圖二十有六曰漳平府西北最遠統圖三十有五曰平和南靖縣地統圖十二曰詔安漳浦縣地統圖二十有二曰海澄龍溪漳浦二縣地統圖四十有八曰寧洋介于延漳統圖十一其郡名清漳以水名丹霞以山赤名芝城城北芝山其疆里東抵南安西抵長汀南抵廣東海陽北抵尤溪廣四百一十里袤六百五十里控引番禺襟喉嶺表為閩會之極邊

汀州府在會城西南一千六百十里本晉安郡新

羅縣地唐開元二十四年始開福撫二州山峒置汀州天寶初改為臨汀郡乾元初改為汀州初治新羅後遷長汀村又遷東坊口大曆四年遷白石即今治五代時偽閩王氏有之後入南唐宋下江南悉有其地元至元十五年升為汀州路至正八年立汀州分元帥府二十二年陳有定據而守之

國初改為汀州府領縣六成化六年置歸化十四年置永定今領縣八曰長汀附廓統圖五十有一曰寧

化舊黄連縣統圖六十曰上杭杭川之上舟車輻輳統圖五十有九曰武
平平川之上統圖十九曰清流山川清淑故名統圖七十有九曰連城舊名
蓮城去草之義統圖三十有二曰歸化舊明溪鎮統圖四十有五曰永定上杭
縣地統圖十九其郡名臨汀水南流如丁字鄞江平沙說文水際平少
為汀其疆里東抵永安西抵江西瑞金南抵廣東
程鄉北抵江西廣昌廣七百里袤三百一十里
崇山複嶺溪水湍悍為甌閩極邊之郡
延平府在會城西四百里而遥漢建安初分侯
官北鄉置南平縣屬會稽南部晉太元四年改

縣為延平仍隸建安唐武德三年置延平軍仍屬建州閩王審知改為延平鎮其子延翰改為永平鎮延政僭號建州升為龍津縣尋置鐔州後唐開運二年南唐克鐔州以為延平軍制置鎮明年改為劍州治延平領三縣宋名南劍州（利州路亦有劍州如南字）元至元十五年升南劍路大德六年改為延平路至正末陳有定據而守之國初改延平府領縣五景泰三年置永安嘉靖十四年置大田今領縣七曰南平（附廓統圖九十有九）曰

將樂將溪之陽土沃民樂統圖六十有四曰尤溪統圖百有九溪多尤姓非也
曰沙縣有沙源故名統圖一百十四曰順昌統圖五十有八曰永安統圖
六十有五曰大田統圖四十其郡名劍津鐔川龍津並以化劍
得名其疆里東抵建安西抵清流南抵古田北抵
邵武廣三百七十里袤三百里負山阻水為七
閩之襟喉

邵武府在會城西北六百七十里吳永安三年
建安昭武鎮為縣又置綏安縣並隸建安晉元
康初改昭武為邵武避司馬昭諱太寧初改邵陽義原本錯

邵武隋開皇中郡縣並廢屬泉州（今福州府）十二年復置邵武縣屬撫州唐武德四年置建州復析邵武地置綏城以屬邵武縣亦隸建州（亦今福州）唐末為王氏所據宋太平興國五年始置邵武軍元改為邵武路四十四年升邵武路總管府至正二十二年陳有定據之

國初改邵武府領縣四曰邵武（附廓統圖一百七十）曰泰寧（杉溪之陽舊名綏城統圖五十有二）曰建寧（濉江之上舊永安場統圖五十有二）曰光澤（杭川之上舊財演鎮統圖五十有二）其郡名邵陽晉安昭武

吳名憇川郡有樵嵐樵溪武陽武夷之南其疆里東抵順昌西抵江西新城南抵寧化北抵江西鉛山廣三百六十袤六百四十里居四州之上游為甌閩之西戸

興化府在會城西南二百七十里地有莆口隋開皇九年始析南安置莆田縣屬泉州今福州府尋廢入南安縣唐武德五年復置莆田縣屬豊州今泉州府後隸泉州今福州府十七年復屬武榮州今泉州府光啟二年為王氏所據遂屬閩又屬留從效屬

陳洪進宋太平興國四年析泉州[即武榮州]游洋鎮置太平軍尋改興化軍以興化縣為治所八年徙今治莆田宋末改為興安州元改興化路國初改興化府領縣三正統十三年省興化縣今領縣二曰莆田[附廓統圖二百有九]曰仙遊[以何氏得名統圖十三]其郡名莆陽莆中[俱因莆口]其疆里東南并海西抵永春北抵永福廣二百一十五里袤一百二十里帶山負海介于福泉之間

福寧州在會城東北五百四十五里晉太康三

年置温麻縣隸晋安隋開皇九年縣廢唐武德中置長溪縣尋有入連江為寧遠鎮嗣聖十九年復置屬福州宋淳祐中又析長溪西鄉置福安縣元至元二十三年升長溪為福寧州領寧德福安二縣

國初改州為縣與寧德福安並隸福州府成化九年復為州直隸布政司領二縣州治統圖五十寧德舊感德場統圖四十有五福安辰山之陽統圖三十有二州名長溪縣名温麻鎮名寧遠鎮名其彊里東際海西抵古田南抵

羅源北抵淅江平陽慶元二縣界廣三百里而迫褏四百里而遥抗扼山川襟帶大海稱閩頭淅尾焉

閩大記

卷之三

閩大記卷之四　吏治表

文武吏治表 有序

聖皇命吏置監康阜斯民德意至隆茂閩遐服也虞典周官未有職守可以計欽建武請吏孫吳裂邑晉宋梁陳制置紛紜不能倫考李唐立首府以總方面別駕長史司馬與諸曹叅軍為佐史又有節度觀察經畧防禦團練處置等皆監司以臨于郡縣十羊九牧不無煩猥王氏僭竊以官為市何以稱焉宋因唐制有安撫制置

轉運提刑常平宗正坑冶市舶諸司皆文職總管幹轄都監統領訓練准備諸員皆武臣府軍州縣自正佐外設吏使小使其後又以郡守帶觀察使兵馬幹轄崇卑失序文武殽雜官制冗濫於斯極矣迨元設中書行省御史行臺大小吏皆蒙古人視篆為達魯花赤華言掌印官漢人參佐而已

高皇帝稽古命吏文經武締綱紀相維

列聖重熙登三咸五遐服敉寧建官盡制使然

予稽掌故告于有位即一職徵渺亦
聖皇阜民至意弗可畧也是用表著之

文職

都察院建牙會城嵩山之陽福星坊内舊鎮守府也宋王祖道故宅偽閩時五州諸侯舘俗名舘前

欽差提督軍務兼巡撫福建都御史一人先是正統景泰間沙尤寇平差都御史或侍郎巡撫以後俱省嘉靖九年獄變復差尋省二十八年倭患復差都御史巡視海道後更提督兼巡撫

其時有總督軍務駐浙直寇平專任督撫稱軍門云又提督軍務都御史一人駐江西贛州福建有汀漳二府聽徵發

察院在會城閩縣左二坊舊市舶府也又清軍察院在府儒學西北稱南察院

巡按福建監察御史一人國初御史按治差遣繁多嘉靖初尚有查盤刷卷青軍兼巡鹽今盡屬巡按

布政使司在府治之東偽閩王氏制宇也至今有東西衙巷左右院巷沿元中書行省稱省城

左布政使一人右布政一人（清軍）左參政一人（分守福興泉三府駐興化）右參政一人（督糧）左參政一人（分守延建邵三府兼管福寧州）右參議一人（分守汀漳二府）經歷都事照磨檢校各一人（俱幕職）理問正副各一人（俱屬官）提控案牘一人（理問幕官）廣積庫大使一人副使一人司獄一人

提刑按察司（布政司西南成化間與察院連署今併本司間為新街南向）

按察使一人驛傳清軍兵備道（郡城之北與布政司連署）副使一人（嘉靖間有監軍一人今省）提學道（在烏石山之北舊養正書院）副

使一人巡海道在舊西察院仍各府駐劄副使一人福州分巡兼福寧兵備道在屯道後舊為海道僉事一人建南道分巡兵備建寧府兼福寧州今兼延平府故稱建南僉事一人興泉道分巡兵備漳泉二府駐泉州僉事一人漳南道兵備汀漳二府駐上杭縣僉事一人屯塩道在會城開元寺之西僉事一人間用副使經歷知事照磨檢校各一人俱幕職司獄一人

都轉運塩使司布政司之西福州府之東

運使一人同知一人副使一人判官一人今省經歷知事各一人俱幕職海口牛田上里惠安潯渼

沔州浯州七場塩課司大使副使各一人竹崎閩安鎮二批驗所大使副使各一人南臺塩引倉大使副使各一人

市舶提舉司提舉一人副提舉一人吏目一人萬曆八年俱裁去舶事以福州府同知兼領之

福州府在運司之西有府直街

知府一人同知一人清軍兼海防通判二人管粮一人總捕一人山洋捕盜一人間有協堂一人裁去嘉靖推官一人理刑經歷知事照磨檢校各一人俱幕職司獄一人織染局大

使一人稅課司大使一人常豐倉大使副使各一人遞運所大使一人三山驛丞一人陰陽學正術醫學正科僧綱　都綱道紀司都紀各一人

府儒學在南門邊閩縣學西教授一人訓導四人廩膳增廣生各四十人附學生無定員

建寧在宣化坊泉州行春門內漳州郡城之南汀州臥龍山下延平龍山之南邵武府城西隅興化府城東南七府正佐俱同福州府漳州添設海防同知一人各府通判一人幕

職屬官及儒學師生俱視福州府

福寧州龍首山下知州一人州同一人清軍州判一人管糧吏目一人幕職松山等六巡檢司巡檢各一人稅課局河泊所廣盈大金二倉大使各一人陰陽學典術醫學典科僧正道正各一人儒學學正一人訓導三人廩膳增廣生各三十人附學生無定員

閩縣在會城東偏慶城寺西南侯官縣在會城西南烏石山之北

知縣各一人縣丞各一人清軍主簿各一人管糧典

史各一人幕職五虎門閩安鎮各巡檢一人俱閩縣屬
竹崎所五縣寨各巡檢一人俱侯官屬大田驛丞一
人閩屬白沙等原驛丞各一人懷安遞運所大使
一人俱侯官屬税課局洪塘河泊所大使各一人今革
儒學閩學在府學東侯官學在縣治之東教諭各一人訓導各二
人廩膳增廣生各二十人附學生無定員
長樂在六平山之南連江龍登山南鼇江之北古田在翠屏山南雙溪上福
清在鶩峯山之麓四縣
知縣各一人縣丞主簿典史各二人石梁蕉山

小祉山松下俱屬長樂北茭連江杉洋古田屬今有壁頭山
牛頭山澤朗山俱福清屬巡檢司各巡檢一人水口
黃田俱古田屬宏路蒜嶺俱福清屬四驛驛丞各一人水
口遞運所古田十五都河泊所長樂蛤沙連江屬海口
鎮河泊所福清長樂稅課連江稅課局海口稅課
局福清屬舊有南門逕江二局今廢各一人長樂梅花二倉定
海連江福清萬安二倉官各一人陰陽學訓術醫
學訓科僧道會司縣各一人
儒學長樂縣治之東連江縣治東南古田縣之西隅福清在縣治東

教諭各一人訓導各二人廪膳增廣生各二十人附學生無定員

閩清在梅溪南羅源在東戴坑永福磨笄山南三縣知縣各一人典史各一人沈尉橋河泊所羅源湙門巡檢司永福官各一人陰陽醫學僧道會司縣各一人

儒學閩清縣治東南羅源縣治東南永福縣治之東教諭訓導各一人廪膳增廣生各二十人附學生無定員

建安府治之東甌寧府治之西晉江府治之西龍溪府治之西長汀在府城福壽功南平府城之東邵武縣治東扁莆田譙樓之東八縣附

府治

正佐幕屬及儒學師生並視閩侯二縣

浦城（光祿街之東）建陽（在三桂里）崇安（黃石山之麓）政和（感化上里）

松溪（在東閩里）南安（蓮花峯下）同安（大輪山南）惠安（螺山之陽）漳浦（東西兩街之中）

龍岩（縣城東偏）南靖（雙溪之北）寧化（在翠華山之南）上杭（在府公館之西）

清流（在屏山之陽）連城（在縣城北）歸化（廣濟街東）沙縣（鳳崗之南）

將樂（含雲東麓）尤溪（武平道之東）順昌（舊儒學之西）永安（儒學之西）

泰寧（杉溪之陽）建寧（鳳山之東）光澤（杭川之南）寧德（察院之西）

福安（辰山之下）二十六縣

正佐幕屬及儒學師生並視長樂福清諸縣

漳平小縣成化詔安 海澄舊月港也大田寨山之陽四縣

知縣各一人主簿各一人典史各一人屬官視

長樂縣儒學師生並視閩清永福諸縣

壽寧蟾溪之北德化丁溪之北永春康山之南安溪在鳳山之下長泰羅猴山南平和河頭中營寧洋在集賢里舊巡檢司武平仁和興賢二坊之閩永定溪南里田心仙遊大飛山南十縣官屬及儒學師生

並視閩清永福諸縣寧洋裁訓導一人

武臣

鎮守總兵府在會城東北隅舊東察院為之又有行府鎮東衛地方

右軍都督府署都督僉事一人充總兵官鎮守福建金溫地方洪武初駙馬都尉王恭江夏侯周德興鎮守福建後有景泰初沙尤寇平復用文武大臣鎮守弘治至嘉靖初皆用內官後有旋復十七年盡罷內官差遣三十八年倭變參將戚繼光有平寇功陞都督鎮守後移薊鎮有代者始專任又有漳潮副總兵駐漳州南澳與潮州交界

南路參將一人駐漳州府城芝山之陽嘉靖三十八年添設有行鎮在玄鍾

都指揮使司在布政司之東領福州左右中及興泉漳平海永寧福寧共十一衛

都指揮使一人同知一人僉事一人掌印掌操管屯各一人多用僉事署職經歷都事各一人俱幕職文官斷事正副各一人理刑俱文官吏目一人司獄一人俱斷事首領

行都指揮使司在建寧府領建寧左右及延平邵武汀州五衛

都指揮及幕屬官並視都司今裁去所轄衛所并入都司

汀漳守備以都指揮體統行事駐武平縣

中路守備以都指揮體統行事駐興化府鳳山寺之西

北路守備以都指揮體統行事在福寧州國初有巡

海備倭都司一人駐會城南營嘉靖三十有八年倭患添設南北中三路叅將各一人遊擊將軍一人事定中北二路惟用守備遊擊及巡海備倭俱省

烽火門在福寧州小埕在連江縣南匿山在興化府浯嶼在同安縣銅山在漳浦縣南五水寨

欽依以都指揮把總各一人國初防倭特設遇有警報仍用協總

海塩山在福清縣東南海洋銅山西門澳

守備玄鍾澳

把總指揮二人萬曆初添設水寨把總守備官所部備倭指揮千百户俱無定員

福州左衛在開元寺東南右衛都司之東屯道之西中衛左衛之東指揮使司

指揮使各一人指揮同知各二人指揮僉事各四人以上舊制今無定員掌印掌操管屯管局等俱以五年考選委任有帶俸差操者

鎮撫司鎮撫各二人以上世襲俱經歷知事各一人俱幕廳之職

三衛所轄左右中前後中左十七所正千户各一人副千户各二人鎮撫各一人百户

各十人

鎮東衛在福清縣鎮東地與海口鎮相連指揮使司

指揮使同知僉事鎮撫經歷知事及左右中前

後中左六十戶所職員俱親福州三衛梅花千

戶所在長樂縣梅花灣萬安千戶所在福清縣並隸鎮東職

員並同三衛十七所

興化衛在本府東北平海衛在興化東南有儒學教授一人訓導一人生員

視縣各泉州衛府治之西宗為州治永寧衛在晉江縣東南二十都地方

漳州衛在本府西鎮海衛在漳州府東南有儒學師生視平海衛建寧左

衛在行都司之東建寧右衛在行都司之西汀州衛府治之東邵武衛府治東南元萬戶府指揮使司職員及所轄各千戶所俱視福州三衛莆禧在莆田縣新安里隸平海衛福全在晉江縣東南十五都高浦同安縣西南十四都中左舊在本衛今移同安縣西南二十三都嘉禾崇武惠安縣二十七都金門同安縣東南十九都並隸永寧衛龍岩中中治龍岩縣隸漳州衛陸鰲銅山玄鍾並隸鎮海衛浦城縣西天長坊後衛隸建寧右衛上杭縣治北隸汀州衛武平武平縣南豐直隸行都司將樂縣治之南直隸行都司永安縣治東北舊隸邵武衛改延平守禦千戶所職員并視萬安梅花二所

福寧衛指揮使司在州東二十五步職員及左右中前後俱在本衛大金在州南五十二都定海連江縣東二十里七千户所並視福州三衛

閩大記卷之五

唐進士年表 有序

野史氏曰籲俊尚矣周賓三物漢崇四科咸用德行道藝獻書勸駕隋唐設科網羅文英進士明經遂有軒輕閩自漢季置吏介在南表人鮮宦學李唐貞元元和閩始得進士舉文學駸駸焉盛矣予稽唐史林藻賦還珠為有神助藻得舉在歐陽生前閩人乃言進士自詹始豈附韓李驥尾故張之耶長溪志又言薛令之神龍中

登第先藻且百年或出傳聞非事實予無取焉

貞元七年興化林藻 莆田人有傳

八年泉州歐陽詹 晋江人有傳

十年福州陳通方 閩縣人及第第四人時稱名士南陵院官

十三年福州陳詡 閩縣人以文名官終户部員外郎

十五年福州邵楚萇 閩縣人有傳

十八年興化許稷 莆田人有傳

元和五年福州陳彥博 閩縣人貴溪令

十一年漳州周匡物 龍溪人郡人業儒登科自匡物始

十三年漳州潘存實龍溪人戶部侍郎有文名

十四年福州陳去疾

寶曆元年福州歐陽衮閩縣人監察御史

太和四年福州林簡言福清人早有文譽官終監察御史

九年福州侯固閩縣人及第歷官鄜坊靈武易定節度使同平章事性仁厚談笑亦有規準

開成三年福州李滂閩縣人大理評事蕭廣侯官人大理司直

泉州亭綢工部尚書陳蝦有傳歐陽秬有傳並晉江人

會昌二年福州鄭誠有傳

三年福州林滋閩縣人有傳

四年福州陳納閩縣人詡之子大同軍副使

六年泉州傅荀晉江人第二人

大中元年福州陳鏞

五年福州林勗閩縣人有傳

十年汀州伍愿更名正己寧化人存專

十一年泉州盛均永春人有傳

十二年福州侯嶽閩縣人

咸通二年福州薛承祐閩縣人國子四門博士　王棨福清人水

部郎中

建寧葉京建安人工詞賦州人登第自京始

七年福州歐陽琳袞之子再中宏詞侍御史

九年福州連總閩縣人有傳

十年福州歐陽玭袞之子書記

林慎思長樂人有傳

乾符二年福州陳讜侯官人刺史

鄭隱福清人

福寧

林嵩有傳

五年福州陳蜀閩縣人

泉州王畋晉江人

中和五年福州倪曙侯官人太學博士避亂入蜀仕劉龔為其侍郎平章事

文德元年興化陳嶠莆田人大理司直兼殿中侍御史

五年漳州謝脩龍溪人有傳泉志以為其郡人

大順元年福州林衮閩縣人秘有秘書郎書張瑩連江人有傳名

禮部尚書泉州王乩晉江人有傳

三年福州黃璞侯官人後徙莆田有傳陳昇福清人校書郎

景福二年福寧曹愚歙州刺史

乾寧元年興化徐寅莆田人雜傳陳乘仙遊人

二年福州黃詵璞之子節度巡察判官興化黃滔莆田人有傳

三年福州沈崧閩縣人仕錢氏父子拜相興化翁承贊莆田人有傳

四年福州卓雲長樂人時稱名士

天祐二年興化楊在堯仙遊人右補闕

三年興化翁襲明承贊之弟秘書郎陳光義仙遊人

四年興化陳淑莆田人福建觀察推官

五季分裂仕者各於其國閩有登科無足采者

閩大記卷之六

宋進士年表 有序

外史氏曰自古英辟昌言不揚仄陋寘賢能所期得士自輔翼哉叔季科目繁興俗益媮薄士誦習佔畢抱咫尺空文以希登進青紫既售筌蹄遷謝其能忠於朝廷無務富其家而私其身甚尠宋世踵前代弊風制益猥瑣進士一榜所録既衆又有特奏諸科歳所掄秀動數千何其濫也吾閩在真仁時得舉

已稱盛南渡偏安幅員益狹所取視先宋又倍徙歷數前聞克自樹立不媿科名有幾誤國殄民如惠卿京卞惇確之屬項背相望矣豈其人不賢而負所舉乎抑所登進悖謬失其制也予於甲科總其凡惟淑德顯宦巍科名之世道汙隆之故其槩然矣

宋建隆二年

建寧楊澈 浦城人有傳

宋開寶二年

福寧阮環寧德人江州録事叅軍

宋開寶六年

泉州謝膳晋江人

福寧鄭罕寧德人知儋州

宋開寶八年

延平張確南唐取應第一人

宋太平興國二年

福州張蔚羅源人叅政

延平廖如壎將樂人知邵武

興化張元龜仙遊人縣志姓鄭

福寧鄭淳罕之子判陳州

宋太平興國三年

福州李懿古田人

汀州羅彧長汀人有傳

宋太平興國五年

福州呂奉閩縣人

延平廖亞之南平人

興化陳巒殿中丞

宋太平興國八年

福州林侁閩縣人

建寧四人李虛己建安有傳

泉州劉昌言晉江人有傳

汀州鄭文寶寧化人工部侍郎

興化李欣莆田人有傳

邵武李巽光澤

宋雍熙二年

建寧四人泉州錢熙南安有傳

延平二人陳世卿沙縣有傳

宋端拱元年

福州李亞荀連江人及第官轉運使所至有聲

建寧四人葉齊建陽人第一人著作郎

泉州梁希言

邵武龔識慎儀之子

福寧周希古知蓬州有政績

宋端拱二年

建寧五人黃震浦城阮中度建陽張岐崇安俱有傳

泉州七人曾會　陳從易　王言澈俱晋江有傳

汀州吳簡言長汀人祠部郎中奉使撫諭西南以才著聲

淳化三年

福州四人王彬長樂太常卿

建寧四人張傚崇安有傳

泉州七人陳綱同安人制置發運使先建州推官奏免茶患

漳州陳夢周龍溪及第

延平四人張若谷沙縣有傳

邵武一人

福寧一人

咸平元年

福州吴千仭侯官人有文名鄉邦推重太常博士知處州

建寧四人阮昌齡建陽人殿中丞楊億奇其才柳宏崇安人光禄卿

泉州二人黄宗旦晋江有傳

興化鄭褎莆田有傳

咸平二年

福州一人

建寧三人黃旦浦城人秘書丞知黎州歷數邑皆有惠政

泉州三人

興化陳絳莆田人滕州通判有文名

咸平三年

福州五人陳易則清之弟校書郎林休復比部員外俱閩縣

建寧十一人魏幽求建安尚書吳待問

泉州十一人

汀州梁顔長汀人河南少尹所在著績

邵武二人

興化三人方慎言有傳陳申沆之曾孫大理丞莆田人

咸寧五年

福州劉若虛閩縣人有才望屯田員外知邵武蔡襄銘其墓

建寧二人章得象甌寧有傳

泉州一人

延平一人

景德二年

福州一人

建寧十二人章頻刑部郎中有時名雅善丁謂後生貶黃覺

殿中丞有詩名楊倚億之弟有傳俱浦城人劉滋省元職方郎中歷九郡有惠政

泉州四人

汀州一人

興化二人方慎從慎言之弟都官郎中知數縣有聲

景德四年

福州林陶閩縣第一人比部員外郎

大中祥符元年

福州十一人林大素殆庶之弟陳宗奭大理寺丞閩縣林

歆復休復之弟太常博士　潘衢衎之弟屯田郎中　潘衎更名循著作郎俱長樂人

建寧九人　曹脩古建安有傳　陳儼建陽有傳　張沔浦城人侍御史彈擊不避豪貴　詹庠崇安有傳

泉州七人　陳在中景德中嘗進六十四卦賦有詔褒之　袞知建陽有傳晉江人

漳州蘇頌龍溪及第

延平三人

汀州三人　陳宗道長汀人有文名開封教授

伍祐附正已傳

興化三人

大中祥符二年

建寧三人徐陟浦城人早有文名嘗作塞下詩以勉將戍官永州判

泉州二人宋程著作郎判台州居官以剛直稱郭咸福建提刑精于法律俱晋江人

邵武一人

大中祥符四年

泉州劉適晋江

興化陳正辭莆田

大中祥符五年

福州五人劉若冲若虛之弟秘書丞林太徵殆庶之弟殿中丞俱閩縣

建寧七人曹脩睦浦城有傳徐奭第一人甌寧有傳

泉州三人

延平二人

邵武一人

興化三人陳端洸之孫太常博士知潯州方偕有傳

大中祥符八年

福州童頴閩縣人父居明歿於王事詔賜一子出身終職方員外

王甲侯官人少有俊譽未仕卒林高福清有傳

建寧八人張泌有傳黃鑑楊億美其文詞遂歷清華直集賢院浦城

劉夔崇安有傳

泉州七人謝徽晉江初名徵光祿大夫

延平一人

興化三人陳深莆田人嶠之孫濮州叅軍

天禧三年

福州二人王平侯官人甲之弟侍御史

建寧六人張式建安人開封推官呂夷簡薦其才　徐的甌寧有傳

柳三復崇安人比部員外郎

泉州六人蘇紳同安有傳

延平二人

天聖二年

福州三人陸廣侯官人京東提刑

建寧十人黃孝先有傳莆城　宋咸建陽有傳

泉州九人曾公亮有傳　謝伯景有傳俱晉江

延平二人

興化四人翁損殿中丞廖鈞仙遊人及第著作郎

天聖三年

福州五人

建寧十一人吳育有傳阮逸有傳章岷浦城光祿卿

泉州九人趙誠晉江人知歸州禁祠鑿險難有寔政林杞南安人光祿卿歷知泰州修築海埭溉田數千頃

漳州二人

延平李參南平

邵武龔宗元識之子員外郎

興化七人陳鑄朝散大夫先通判陳州拯水患全活甚衆

天聖八年

福州四人劉兵若虛之子屯田員外判潤州卒蔡襄銘其墓

建寧十四人丘荷建安侍郎吳師服有傳童志頤朝議大夫知潮州俱甌寧章峴金紫光祿大夫楊翊有傳浦城

泉州四人宋宜同安人太常少卿以文行為鄉人所稱

延平吳輔南平人道州推官世傳其有仁言

邵武二人

興化十一人蔡襄仙遊有傳

景祐元年

福州六人卓祐之閩縣人秀州判官生而正直卒著灵異里人即其居閩山祀之林槩福清人高之子有傳

建寧十七人吳秘甌寧人性好學潛心著述為御史以言事出知濠州陳升之建陽人更名旭有傳柳三變字耆卿有傳吳評有傳俱崇安人

泉州十五人呂璹晉江人歷知漳浦衡山所至有聲黃豫永春人校書郎有詩名

延平二人

興化二十二人鄭濤及第方嶠有傳莆田葉傳賓之于瞻

少師蔡高有傳仙遊

寶元元年

福州五人湛俞有傳閩縣

建寧十三人吳充建安有傳魏宏甌寧人岳州司理稱能斷獄

張詵浦城有傳

泉州八人謝伯初朝奉大夫晋江蘇緘同安有傳

延平三人

邵武二人

興化十人　許楨監察御史先通判德州舉良吏　薛利和廣州

通判力辭王安石推荼之命士論韙之

慶曆二年

福州五人　陳襄侯官有傳

建寧十三人　陳洙建陽有傳　徐九思崇安有傳

泉州十八人　呂夏卿晉江有傳　蘇頌同安有傳

漳州一人

延平二人

邵武四人上官凝有傳虞肇知南安縣用法明審俱邵武李誥光澤人太常博士常以古風見稱陳了翁

興化十人鄭璂兵部郎中以忤貴戚為所陷

慶曆六年

福州十人劉彝有傳

建寧二十二人張安雅光祿大夫章訢浦城光祿大夫翁肅崇安人歷知五州嘗召對敢言有聲

泉州十七人

漳州二人

延平七人林積尤溪有傳

邵武高照處州司理能辨究獄活百人邵武聽訟明審

興化十六人林英莆田人及第後更名悅金紫光祿大夫許懋兩浙運副出私釀之寃人戴其德余象有傳俱仙遊

皇祐元年

福州十九人孫奕閩縣有傳

建寧十九人吳申甌寧有傳王禹崇安有傳

泉州十人謝仲規晉江人徽之子本路轉運使石賡同安人廣

西運判王安石奇其才薦于朝以議新法不合外補

漳州二人

延平五人廖子孟將樂人第二人金紫光祿大夫

汀州一人

邵武二人游烈有傳

興化二十八人鄭昇校書郎刻苦多著述陳闡有傳俱仙遊

方次彭有傳

皇祐五年

福州十三人鄭穆侯官有傳

建寧二十人葉康直 建安有傳

泉州八人

延平二人

汀州二人伍擇之 寧化有傳

邵武三人

興化十三人黃中庸 太常博士溫公薦其才除浙提刑

嘉祐二年

福州十四人王向 平之子回之弟 王回 有傳俱侯官 林旦 有傳

建寧十九人章衡第一人有傳黃好謙孝先之子駕部郎中幼孤事母孝歷縣令御史皆舉其職俱浦城陳郛建陽有傳

泉州十三人楊汲晉江有傳謝履惠安人知婺州熙寧中丞都水監塞曹州決河有功

延平二人

邵武四人黃通有傳上官愷廣東運判才行上過人屢有異績

官基光澤有傳

興化七人林伸莆田有傳

嘉祐四年

福州六人林邵 槩之子宝文閣直學士

建寧十人謝麟 甌寧有傳

泉州六人柯述 有傳 柯迪 述之弟南安 顔孝初 永春人祕書郎長於詩 莊公嶽 惠安人吏部侍郎元祐初上書有忠盡之褒

漳州一人

延平一人范峒 迪簡之子

嘉祐六年

福州五人王岡 平之子向之弟

建寧十二人

泉州二人

延平二人

邵武吴默有傳 黄侑司農卿知泉建二州有善政

興化四人

嘉祐八年

福州八人許將第一人有傳

建寧十五人陳軒甌寧有傳 詹範崇安有傳

泉州五人石亘同安有傳

延平王端南平人志於問學淂友范祖禹

興化八人

治平二年

福州七人

建寧十人曹訟建安人侍郎章楶浦城人有元有傳

泉州六人許權同安有文名工於碑記

漳州三人劉衍有傳李亨伯有傳俱龍溪

延平四人廖正古將樂人子孟之子知西安縣以不便新法拂衣歸

興化四人

治平四年

福州十一人陳祥道閩清有傳鄭俠福清有傳

建寧八人黄韐大理丞判筠州嘗令新昌奏課第一子輔國葉安

節朝散大夫嘗簿鄞令諸暨有政績俱浦城

泉州一人

漳州四人周純龍岩有傳

延平五人

邵武四人吳顥默之弟大僕卿謝詷建寧有傳

興化十四人黄隱有傳黄君俞有傳俱莆田

陳大卞有傳傳楫有傳俱仙遊

福寧一人

熙寧三年

福州六人

建寧十六人章甫 浦城有傳

泉州六人宋直方 王屋令先知犨縣治水造橋民便之俱晉江

漳州三人龔原 龍岩有傳

延平六人

邵武七人上官均 凝之子有傳

興化八人

熙寧六年

福州七人

建寧三十三人黄寔有傳劉川先祿大夫並建安周常有傳吳栻直龍圖閣知鄧州先任給事中使高麗大觀中八見有清謹循良之褒俱熙寧

江側建陽有傳葉康朝請大夫知福州政有平易民便之

泉州七人

漳州五人曾旼及第知府李絳知建州有惠政陳珏有傳俱龍溪周綍純之弟戶部員外與兄齊名後入元祐黨龍岩

謝伯宜海澄有傳

延平十二人鄧寧沙縣人福建運判先提轄江淮諸路茶塩條畫輸運歲增數十萬周諝尤溪有傳

邵武二人孫諤有傳

興化二十人方价慎從之弟初名儼知侯官縣耻諂之權門掛冠而歸

陳中復有傳莆田俱陳次升有傳王回有傳陳開有傳俱仙遊

建寧二十人章綡有傳陳師錫有傳甌寧

延平十人楊時將樂有傳張觷有傳羅畸有傳沙縣俱

熙寧九年

福州九人劉詵福清有傳
邵武三人李深光澤有傳
興化十二人方會有傳林深之先任南劒州録至都廂俱莆田陳覺民有傳林豫有傳俱仙遊
福寧二人
元豐三年
福州九人
建寧二十人徐常建安人知吉州有吏才長於文學蘇軾與遊稱其為人章粹有傳何述徽猷閣待制知永興軍移帥涇原奉祠卒初令當塗築堤

捍水患民德之為閩封推官入見哲宗謂其詳雅俱浦城游醇建陽有傳

泉州五人

漳州三人林磐朝散大夫知邵武軍先令千乘有惠政陳玠璟之兄承議郎家雄於貲悉讓其弟鄉人稱之

延平十人廖正一將樂有傳陳瓘沙縣有傳

汀州一人

邵武八人李夔中大夫以子綱贈太師衛國公黃德裕光澤人知閩縣方勁有為

興化十四人方公袞諸王教授雅為韓琦所知

福寧林積仁 監察御史知撫州

元豐五年

福州五人

建寧三十七人

葉默 知泗州宣和中嘗諫倚道觀時稱其讜直

黃覺民 有詩名俱建安

葉安節 歐寧有傳

游酢 建陽有傳

楊訓 東陽令舊與蔡京同學于王安石京執政欵引置門下訓拒之時論高焉

張巨 利州轉運使先為御史欲論京貫語泄反為所陷時論惜之

黃靜 有傳俱浦城

李規 松溪有傳

吳仲虎 崇安人知英州先為司理有寃獄力爭于守而釋之捐田睦族尤人所難

泉州六人

漳州二人

延平三人黄裳第一人禮部尚書魏任兵馬都監先令石城豪横欽手盜賊屏迹

邵武四人吴點黯之弟恬於進取官終太僕丞謝皓建寧有傳

興化十四人徐確有傳鄭原本缺名歷知泉豪二州道無拾遺宣和湖湘多盜能設策殄之俱莆田人

元豐八年

福州十二人

建寧三十人姚易建安人開封通判有文名黃輔國有傳

章述之尚書俱甌寧吳駿浦城饒州通判有文名詹時升建陽人知汀州政尚簡易改知興化福建叅事

泉州七人

漳州吳桓朝散郎高於文人爭慕之王梁材廣東運判母卒廬墓以孝聞俱龍溪

延平四人翁郃順昌有傳

邵武三人上官忯有傳上官憕永城令優調十餘年廉政明決自信愈篤朱蒙正有傳

興化七人葉確河北提舉與蔡京有姻未嘗干進

福寧一人

元祐三年

福州八人

建寧二十一人章援省元建安章綜甌寧有傳劉毅知南豐縣栽柳豪吏邑人便之李充臨海令方臘之亂有守城功練逢建寧推官卒楊時銘其墓浦城范致虛崇安有傳江滋崇安人朝請大夫與蘇轍唱和

泉州二人

漳州二人

延平十一人

邵武四人

興化三人

元祐六年

福州十七人

建寧十四人葉蕢（奉新令著易傳推明大衍之數）李宲（廣南提刑先為御史號敢言俱浦城）

泉州八人王公濟（有傳）黃冠（諸王教授罷官歸清俱晉江）

漳州二人劉棠漳平有傳
邵武一人
延平三人
興化十六人傅希龍仙遊有傳
福寧一人
紹聖元年
福州十人蕭磐閩清有傳
建寧二十五人雷覺民建安有傳黃現甌寧人為令陝西適童貫宣撫不肯屈謁而歸翁彥深有傳劉韐有傳俱崇安

泉州七人

漳州二人

延平四人

汀州二人

邵武五人黄中美有傳鄒恬泰寧有傳謝澈建寧人太常少卿嘗上言鑄錢甚不便忤秦檜坐困久之李勉光澤人知順昌以風節著

興化十二人阮駿有傳陳顯仁有傳俱莆田傅諒友有傳黄顯廣南提學恬於進取林迪有傳俱仙遊

紹聖四年

福州二十三人陸蘊宣之子集英學士辛蘊在臺論事頗中時病崇寧中召對論斥元祐諸賢其俗孝不宜使為守令遂得美遷論者病焉原本錯

陳之邵宗正少卿俱候官

建寧三十六人章授甌寧人有元知州周武仲有傳葉常河中知府有詩名周因有傳安國有傳翁彥國有傳崇安俱

泉州十人陳詳有傳蘇伯材知韶州所在能辨冤獄曾誕公奭之孫有文名傅惟肖知青州賑飢全活甚衆俱晉江王炳南安有傳張讀安溪有傳

漳州二人

延平八人廖天覺順昌有傳

汀州一人謝潛長汀有傳

邵武二人

興化十四人林積仁有傳方旬有傳俱莆田

福寧一人

元符三年

福州二十二人辛炳有傳王賓龍圖學士俱閩縣林遹寶文閣學士知廣州倪登以取燕雲奉使歿於王事特贈太中大夫俱福清

建寧十六人

郭汝賢浦城有傳

泉州八人

漳州二人

延平九人曹中沙縣人輔之弟有傳曹輔雜傳

汀州一人

邵武四人黃潛善外傳黃伯思履之孫有傳

興化三十人蘇煒禮部侍郎蘇棫煒之弟外傳余祖奭有傳方禧慎從曾孫殿中侍御史黃琮有傳方振浙東安撫使林沖之有傳俱莆田陳驥溫州通判性鯁特不肯干謁故官不達黃沔

秘閣修撰徽宗奇才其陳高醫學司業廷臣以潛心經術薦俱仙遊

福寧二人丘允有傳

崇寧二年

福州十六人許份將之子有傳黃唐傳唐佐之弟徽猷閣待制俱閩縣陸藻侯官人蘊之弟有傳

建寧二十三人練幹譽建安有傳楊揆浦城人上津令嘗以尉捕銅鍉有興學之功

泉州十人韓謹晉江礼制局檢校孝宗朝屢上所著書

延平一人

邵武葉允江西轉運使有偉績建寧人

興化十八人林震有傳桑佃有傳俱莆田陳維則朝散大夫嘗提舉閩澧路捕賊有功

崇寧五年

福州二十四人李彌大連江有傳黃黽年朱廷傑俱永福有傳

建寧三十二人黃齊展之孫字思賢有清操不干人以私兵部侍郎顯謨閣待制知通判建安人章誼潘忠俱有傳楊暎知蘄州有文名浦城

泉州九人儲款叙晉江有傳江常惠安有傳

漳州三人黃頴彦臣之子龍溪人有傳林彦質漳浦有傳

延平五人廖剛順昌有傳

邵武三人吳偉明知興化軍政尚簡嚴

興化十五人林之平有傳林伯顗國子司業知泉州李

德昭知建昌有去思林孝淵泉州提擧為方略有傳人有節操俱莆

田林宋卿有傳陳師旦知官告院贈太中大夫先知順昌歷四考民愛

其政

福寧二人楊惇禮有傳

大觀三年

福州十四人李芘閩縣有傳方昉侯官人開之子知荆南軍與妖賊戰歿贈朝請大夫官其一子李彌遜連江有傳余先庭羅源有傳

建寧三十二人練繪張彖俱浦城有傳

泉州九人

漳州七人黃頌有傳黃碩有傳彥臣子蕭韓有傳俱龍溪

延平六人陳麟沙縣有傳

汀州二人伍仲林寧化人知河源縣母卒以善居喪聞

邵武一人朱缶知柳州恥出秦檜之門屢召不起

興化二十人徐師仁（有傳）宋旅（有傳）吳公議（有傳）蔡佃（有傳）蔡樞（直秘閣。俱莆田）

福寧三人

政和二年

福州三十六人劉達夫（閩縣，有傳）李廣文（有傳，連江）黃邦俊（大理寺丞，知英州，有文名，永福）

建寧三十三人劉璹（金紫光祿大夫，建安）張敦書（甌寧人，弋陽丞，政平訟理，邑人祠之，擢江夏令）江杞（建陽人，歷知州縣，民安其政，以御史致仕）翁彥約（有傳）詹公薦（有傳，俱崇安）劉汝舟（浦城）

人建炎中獻平戎十策張魏公薦爲參議

泉州五人陳康年晉江有傳

漳州五人

延平十一人陳薦可沙縣復姓羅有傳吳致堯順昌有傳

汀州一人雷協寧化人官興化軍教授以傳學名

邵武七人上官愔均之子有傳李綱夔之子有傳李陵有傳謝如意南劍司錄以捕盜著績

興化十六人黃宣宣和中知遂平有奏籍縣祖宣力奏得免莆田

陳可大仙遊有傳林閈髦之弟及第太常愽士林子立有傳

福寧三人

政和五年

福州二十三人張嵲懷安有傳　梁汝霖更名岩老有傳永福

建寧三十人吳安中為建德丞方臘之亂招降有功授御史知桂陽

葉廷珪有傳俱甌寧　張大年有傳浦城　邵知柔政和有傳

泉州十二人徐瞻有傳晋江　温革有傳　吳達老惠安有傳

漳州七人

延平十一人

汀州三人鄭章長汀有傳　張達觀寧化人承務郎有文名

邵武六人鄧邦寧知漳州有惠政
興化三十七人李持正知南劍能正將臣濫殺有德于民
宋棐有傳陳膏太府少卿膏為御史上疏止濫刑朝論是之林霆有傳
方庭寔有傳蔡伸襄之孫有傳蔡樞襄之曾孫有傳
福寧三人
重和元年
福州二十九人
建寧二十六人熊遹建德令為政廉清胡寅器之鄭穀有傳
俱建安楊公度有傳黃璘有傳俱浦城翁采崇安人歸州教授以

論花石綱左遷

泉州八人

漳州八人

延平十三人

汀州二人

邵武七人何兊有傳鄧根知靜江府廣西經畧以清直稱

興化十六人方漸有傳莆田傅佇仙遊有傳

福寧二人

宣和三年

福州二十七人王晋肩之子閩縣人有傳盧榕永福有傳

建寧二十六人魏樾有傳李寀廣西提刑歷御史擬直敢言俱甌寧人呂祉有傳胡寅有傳何昌世有傳吳逵有傳俱崇安

泉州五人陳孝則晋江有傳

漳州五人

延平十三人張致遠沙縣有傳

興化十四人林郁有傳莆田傅知柔有傳仙遊

福寧二人陳最有傳鄭昌齡有傳俱寧德

宣和六年

福州二十七人朱倬有傳閩縣陸祐侯官有傳吳元美永福有傳

建寧三十人王以詠朝散大夫歷知含山衛山紹興板蕩民賴安集甌寧江灝崇安有傳

泉州六人蘇欽德化人嘗佐江西帥幕有平寇之功

漳州三人

延平十一人

邵武二人

興化二十人王晞韓有傳林孝澤有傳葉棠顒之孫有

傳陳鶴有傳俱莆田蘇欽仙遊有傳陳自仁有傳

福寧二人

建炎二年

福州十九人胡文煒胡文炳文煒之兄林安宅侯官有傳陳剛中閩清有傳

建寧二十五人葉薦有傳黃衡有傳范如圭有傳建陽吳櫪有傳崇炎

泉州六人徐先寔晉江有傳黃重永春人知興化軍有時名

延平十七人魏郁潮陽丞歷官清儉有材南平人鄧柞沙縣有傳

余良弼順昌有傳

汀州一人羅烈長汀有傳

邵武一人

興化十人許梼禮部員外熟於朝典南度以後掌故頗類之

福寧三人洪清臣朝散大夫知邵武軍有清操能其官

紹興二年

福州十七人李簡能直秘閣浙西提刑閩縣

建寧二十人吳球明州教授廷對訟陳東之冤人服其直

游知池州有惠政俱

泉州六人楊夢齡晉江有傳

漳州四人黃京龍溪有傳高登漳浦有傳

延平七人

汀州一人

興化十二人葉顒有傳

紹興五年

福州二十五人任文薦閩縣有傳陳宋霖長樂有傳

建寧五人

泉州十人楊宏材有傳

漳州一人

延平五人吳武陵南平人敷文閣學士吏部尚書

汀州四人湯華叟饒州推官以詩名伍杞仲休之孫知潮陽縣居官治獄多所平反張良裔有傳俱寧德賴紱清流有傳

邵武四人黃中有傳

興化六人鄭厚省元有傳陳昭度有傳

興八年

福州十七人陳彌作吏部侍郎兼權尚書敷文閣學士黃瑀有傳俱閩縣

建寧十八人章綜浦城有傳陳扃江淮杭鑄錢使初任信州適有兵變扃以謀定之劉珙薦其十李弇崇安人知速城縣俗素好門弇理以寬平民化之

泉州六人吳岡惠安有傳

延平七人張維南平有傳陳淵沙縣有傳

興化十四人黃公度第一人有傳陳俊卿有傳龔茂良有傳方翥元寀之孫祕書省正字博極群書林先朝雅重之宋藻有傳俱莆田人

紹興十二年

福州十九人林安國安宅之弟侯官人黃康國古田黃公廙康國之子陳誠之長樂人第一人有外傳林栗福清有傳

建寧十一人陳元祐甌寧人廷對力詆和議試教官入等用爲召除將作簿劉珙有傳宋翔長於詩歌太母北歸獻樂府十二章張浚稱之俱崇安

泉州九人蔡茲有傳陳知柔有傳俱永春

漳州四人顏師魯龍岩有傳

延平六人

汀州一人

邵武二人

興化十人王悦有傳李次辰宗學教授書佐浙西憲幕往桐廬讞獄多所平反俱莆田人郭嶢有傳仙遊

紹興十五年

福州二十二人

建寧十一人李秩松溪有傳

泉州九人

漳州三人李恂知邵武軍致仕史浩為相招之不起楊汝南有傳龍溪

延平一人

汀州一人

邵武一人

興化四人鄭耕老莆田有傳

福寧二人

紹興十八年

福州二十七人

建寧十二人朱熹建陽世家胡師徐崇安有傳

泉州九人梁南一有傳林枅南恩州判守官立身雅有時譽晉江

陳光德豐州判有文名　蘇升知瓊州有詩名俱永春

漳州二人

延平四人

邵武四人王人鑑建寧人建州判官惇學能文

興化十三人陳豐驤之子知南恩州以助民事卒

福寧四人劉季裴福安有傳

紹興二十一年

福州二十六人林之奇侯官有傳

建寧十六人徐詡浦城人歷江東漕前後居職著聲在臺上六事尤切

時缾

泉州七人蔡思化州教授有文名趙伯迥有傳俱晉江

漳州四人陳景肅漳浦人知南安州雅有士行

延平五人

邵武二人

興化十五人劉鳳有傳陳居仁有傳林枅有傳俱莆田

蔣雝有文名知道州嘗召對稱旨惜不究其用林一鶚江州通判鄉人稱孝俱仙遊

福寧四人

紹興二十四年

福州二十三人

建寧七人

泉州二人柯宗英晉江有傳

漳州二人

延平四人

汀州一人

邵武二人黃永存附中美傳張敦義建寧有傳

興化八人

福寧六人

紹興二十七年

福州二十二人蔣康國古田有傳

建寧八人熊克建陽有傳

泉州十六人楊夢齡有傳黃適知東莞縣督賦不苛而辦俱晋

江諸葛廷瑞南安有傳黃維之永春有傳

漳州二人

延平七人

汀州二人

興化十三人姚宗之有傳

福寧七人王宗已增城令治為嶺南最調常熟歷知蘄廣二州朝奉大夫陳駿福安有傳

紹興三十年

福州三十五人

建寧六人祖世英浦城有傳葉克蕢崇安人南安倅先知清遠將樂二縣有政聲

泉州七人梁克家第一人有傳林外興化令長於詩柯知

彰有傳俱晉江留正永春有傳

漳州二人陳兢龍溪人龍南令著周禮解

延平七人

邵武四人趙善佐有傳

興化十六人劉朔省元有傳傅淇有傳陳大亨有傳俱仙遊薛元鼎蕃之孫給事中孝宗褒其直諒多聞

福寧十二人林湜有傳楊興宗有傳高曇有傳

隆興元年

福州三十一人黃洽候官有傳

建寧三十一人袁樞建安有傳郭德麟有傳袁說資政殿大學士知樞密院俱甌寧詹體仁崇安有傳

泉州八人傅伯成有傳莊方有傳俱晋江

漳州一人

延平三人

汀州一人楊方長汀有傳

邵武三人

興化十九人林霔別試第一人林光朝有傳方崧卿京西運判歷知筠州俱有治績家藏書萬卷手自校讐俱莆田

福寧十九人姚瀛福安人少有文名四任教官

乾道二年

福州五十二人鄭湜閩縣有傳劉礪有傳劉砥礪之兄有傳俱長樂蕭國梁永福第一人著作郎太子侍講兼禮部郎官

建寧十四人林光建安有傳黃碩第一人知昭信軍甌寧

李岐崇安人朝散大夫嘗知南雄奏蠲客户丁米人甚德之

泉州十三人陳研有傳楊栐有傳俱晉江

漳州七人鄭公顯有傳林宗臣主簿本州粥盐移書行省罷之爲鄉人所德

李時中朝奉大夫居官有介稱陳宏規知朝州有惠政

官至朝請大夫俱龍溪

延平四人

邵武二人俞豊建寧有傳

興化十八人翁點江東提刑有惠政後為佗胄所擠貶死方耒有傳

福寧十二人張叔振太府丞知信州登對皆當世急務

乾道五年

福州三十七人

建寧九人江點有傳虞大中朝散大夫歷郡縣皆有惠政俱崇安

泉州十七人石起宗第二人有傳鍾光昇福州通判歴知鄞縣尚愷悌耻操切為能趙伯遜更名伯暹有傳俱晉江陳樸有傳曾秘同安人知漳州曾為朱子所薦

漳州六人鄭光敏公顯之弟古田教官揚萬堅奇其人俱龍溪顧敏德唐臣之子以官安撫峒寇懷其恩信海澄

延平七人廖德明順昌有傳

興化八人黃黻莆田有傳許巽仙遊有傳鄭僑第一人有傳黃鍾有傳

福寧七人高融有傳張覲福安有傳

乾道八年

福州四十八人陳炳閩縣人禾之子戶部侍郎顯謨閣待制黃定永福人第人有傳

建寧十人劉爚建陽有傳歐陽光祖崇安有傳

漳州四人王遇有傳陳衡有傳俱龍溪

延平四人

邵武四人趙善恭有傳

興化七人黃艾有傳陳士楚有傳俱莆田朱泳仙遊有傳

福寧五人

淳熙二年

福州四十二人陳孔碩侯官有傳張斗南羅源人持身廉介兵部侍郎

建寧九人徐應龍浦城有傳劉崇之建陽有傳趙善沛崇安人南康守官以廉著

泉州四人楊炳有傳趙師璲知德慶府嘗道判汀州設計擒獲峒賊境賴以安俱晉江

漳州十人孫昭先有傳趙彥暟知臨江府有清名陳經知欽州詩得江西之派俱龍溪

延平三人鄧驛沙縣有傳
汀州翁熙長汀有傳
邵武二人任希夷有傳饒幹有傳
興化八人
福寧九人
淳熙五年
福州四十六人陳自强長樂外傳蕭國均永福蕭國馨國均之弟鄧林福清有傳
建寧十一人劉炳爚之弟有傳

泉州九人

漳州十一人林孔昭知處州先任福清有聲丞相周必大薦之林

士豪海陽推官有德于民黃樵仲有傳俱龍溪

延平二人

汀州二人吳雄學深于易嘗宰靖安政尚教化長汀

邵武一人黃渙敦義之子省元少從呂祖謙遊後守岳州著續光澤

興化十二人余崇龜仙遊有傳余元一崇龜之兄有傳

福寧七人楊楫有傳

淳熙八年

福州四十五人

建寧六人

泉州十人趙庚廣西茶幹數年不召人稱其有守高禾叔伉之子知惠州有治績俱晉江莊夏永春有傳

漳州四人

延平六人

汀州一人

邵武一人俞聞中有傳

興化九人劉榘工部尚書宣奉大夫劉彌正夙之子侍郎有傳俱

莆田傅誠仙遊有傳

福寧六人王宗傳韶州教授問學該傳尤長於易

淳熙十一年

福州四十人王益祥長樂人及第三人有傳陳舜申連江有傳

建寧五人葉文炳奉議郎嘗從朱子遊官居有清名建安

泉州九人蔡霆發主管官告院嘗著家訓集鑒儲用有傳俱晉江

漳州八人余嚞有傳龍溪

延平七人

興化十六人蘇權有傳葉立志尉南安知上饒通判惠州有廌

名俱仙遊

福寧四人

淳熙十四年

福州四十二人鄭昭先有傳俱閩縣陳德豫連江有傳

朱金發福清人字冕仲龍岩籌有文名同邑有俞南仲時稱二仲

建寧九人江史崇安有元

泉州十五人趙善謐知仁和有能聲陳震有傳俱晉江王

克恭南安有傳林洽德化人楊休之孫知閩縣有文名士行亦修

漳州三人黃樵龍溪有傳

汀州一人

興化十三人方芹之元宗曾孫及第知南豐縣樽節浮費方任有傳傳大聲仙遊有傳

福寧八人

紹熙元年

福州六十七人

宗子八人正奏進士題名始此

建寧八人張彥清浦城人知慶元知縣嘗從朱子遊時禁偽學能不變

所守

泉州十一人薛舜俞同安有傳陳一新永春有傳

漳州三人謝明之龍溪人伯宜曾孫歷知邕州先判潮陽揖縣有聲

延平二人

邵武三人吳炎有傳李東有傳

興化十八人陳卓有傳陳夢烈知尤溪縣民便其政俱仙遊

福寧六人高松融之子明州教授人稱善誨余復寧德人第一

對策光宗稱其直而不許

紹熙四年

福州四十二人陳一德（連江有傳）

建寧十二八劉塤（炳之子知將樂豪胥悍服）

泉州九人趙善謚（善謚之弟省元知永州有文名）楊士諮（有傳俱晉江）薛舜庸（同安有傳）

漳州三人趙師楷（有傳龍溪）

延平一人

邵武三人李文子（光澤人方子之弟有傳）

興化十四人宋鈞（有傳）吳錫疇（有魁俱莆田）

慶元二年

福州五十七人鄭天麟閩縣人浞之子林清之福清人桷之子中奉大夫直華文閣

建寧十四人徐鳳甌寧有傳詹師文有傳徐昌之宝慶録參以親不及祿慶召不起俱崇安

泉州二十五人傅壅晉江有傳錢德謙南安人知建寧府歷令無錫華亭政能鋤强陳洽同安有傳陳模永春人校書郎開禧邊釁模對策有讜言士論是之連三益安溪人判廣州有廉名吳岡逵老之孫知州理塩政勾稽精審惠安

漳州八人趙善封有傳蕭里有傳姚東通直郎居官以廉介稱俱龍溪楊士訓詔安有傳

延平十一人

汀州二人鄭應龍長汀有傳

邵武三人鄒應龍第一人泰寧有傳

興化十九人

福寧四人黃沭之楫之子歷義烏尉麗水上杭令俱有善政

慶元五年

福州四十三人蘇大璋古田有傳敖陶孫有傳陳貴

誼有傳俱福清

建寧十八人熊節通直郎致仕潛心理學陳梓朝散大夫嘗為江西安撫講求荒政歲饑不害俱甌寧真德秀浦城有傳詹淵崇安有傳

泉州十五人曾從龍第一人有傳趙時和有元俱晉江傅烈知撫州嘗通判循州奏蠲抑配塩鈔民懷其惠南安林萬永春人知宣城縣恬于進不謁權要取余克濟安溪有傳

漳州六人趙善眆龍溪有傳

延平十一人

邵武一人蕭舜咨泰寧人江西提刑人服其嚴明

興化十四人方武子梧州判官少有文名為循州教授士風丕變

方符有傳俱莆田

福寧十人王士奇有傳高頤有傳俱寧德

嘉泰二年

福州四十七人

建寧十三人詹桌尉福安遷瑞州法曹屢辨疑獄胡翔卿衢州判官先尉武林郡遺賑飢全活甚衆俱崇安

泉州十八人陳宗衢晋江人知新州博學能詩吏事非所長

吳子斌同安人判俱有惠政龔慶歷知南豐鄭輪德化有傳

漳州七人宋聞禮龍溪人知海陽縣著易詩禮記解

延平二人

邵武四人黃際中之孫工部員外梓曹州興學勸士有嘉政張汝

明建寧有傳

興化十六人丁伯桂莆田鄭勳仙遊有傳

福寧六人

開禧元年

福州五十七人林執善有元陳韡孔碩之子有傳楊宏

中侯官有傳

建寧十一人陳雲漢陽軍法曹嘗簿建寧撫寇有功李仲光湖廣幕屬趙汝郛善沛之子知韶州嘗倅贛州撫峒寇賴其謀俱崇安

泉州二十人陳翊及第曾治鳳直徽猷閣知建寧袁州廣東提刑素性簡儉公帑一毫不妄費楊景陸建寧司法傳學顏能文俱晉江槦永春人知梅州禦寇有方畧

漳州二人趙希倰初令古田捕盐不希賞格龍溪

延平五人

汀州一人

邵武三人鄒應博泰寧人江西提刑嘗為真德秀所薦

興化十五人方大琮莆田有傳郭子立仙遊人泉州通判居官有守

福寧五人黃峕寧德人知慶有文名

嘉定元年

福州五十六人許應龍有傳陳公益累官兵部侍郎兼侍讀俱閩縣鄭自誠第一人更名性之有傳黃桂第三人徐範有傳俱候官人高子昇古田人朝請郎致仕靜退清修後輩矜式孫德興福清人第二人江西提刑

建寧九人江埙崇安有傳

泉州十六人楊保中士璐之子及第劉用行有傳楊寅翁有傳俱晉江莊壬海豐令嘗尉永嘉捕盜有聲黃學行知循州勤寇有功俱惠安

漳州四人

延平七人

汀州一人

邵武二人上官渙酉有傳

興化八人王太沖有傳莆田陳珙兩浙運管有吏才先知永春能究心民瘼

福寧八人

嘉定四年

福州六十四人李韶連江人彌遜曾孫有傳張磻永福有傳

建寧十四人李韡崇安有傳

泉州十八人蘇思恭有傳趙汝佟有傳俱晉江傅天

驥南安有傳

漳州二人

延平九人

邵武三人劉剛中建寧有傳李壯祖俱光澤有傳

興化二十人劉希仁莆田人起世之子立朝言事所薦得人

福寧九人

嘉定七年

福州五十五人張元簡江西制置副使閩縣

建寧十三人陳範崇安有傳徐清叟徐榮叟俱有傳浦城

泉州十九人陳洪南安有傳許巨川崇安人知東莞明于斷獄

漳州五人

延平七人

汀州一人

邵武四人葉武子有傳李方子光澤有傳

興化十四人鄭可復仙遊人初尉東陽守正不阿官至朝奉郎惟喜古書晚年積至數千卷

福寧五人王伯大有傳

嘉定十年

福州六十四人唐璹古田有傳

泉州十二人留元英永春有傳

漳州六人孫叔謹有傳

延平九人
興化十二人王遹有傳林有之宋鄉之孫通判建昌軍居官所
至有能聲俱仙遊
福寧十二人李鑑寧德有傳
嘉定十三年
福州六十一人任有龍閩縣人之薦之孫及第倅
彌有傳顏者冲有傳俱龍溪
延平二十一人黃復有傳南平
汀州一人

邵武二人

興化二十人劉嵗有傳丘獻大理司直為人長厚俱仙遊

福寧十一人王維南外宗教有詩名林子雲融州教授潛心理學福安

紹定二年

福州六十二人黃朴侯官人第一人歷館閣吏部郎終廣東漕

建寧十九人蔡杭建陽有傳

泉州十七人魏國梁晋江有傳吳燧同安有傳

漳州六人

延平九人
邵武二人
興化九人
福寧十一人
紹定五年
福州四十八人鄭公玉古田人朝請郎通判潭州有惠政
張鎮長樂人琳之子及第通判紹興府
建寧十四人
泉州二十人徐明叔晉江有傳陳晉接第二人

漳州二人

延平五人吳一鳴南平有傳

邵武一人

興化二十一人卓得慶有傳方之泰壬子子袁州通判有士行俱莆田葉大有仙遊人有元刑部尚書入館閩歎陳多有裨益光宗眷遇甚厚

福寧十五人孫翼鳳有傳

端平二年

福州五十二人潘枋有傳林存累官同知樞密院事兼參知政

政事俱閩縣陳容長樂有傳林希逸福清有傳

建寧九人

泉州十八人趙希韜及第

漳州四人

延平六人

汀州一人劉弇寧化有傳

興化十四人吳叔告第一人有傳林彬之有傳李丑父有傳俱莆田謝升賢仙遊人興寧令潛心理學多著述

福寧七人鄭士懿寧德人知邵武南康二郡以公廉稱

嘉熙二年

福州四十六人邵澤及第歐陽起鳴二人俱閩縣時稱名士常挺連江有傳

建寧九人徐夢發有傳浦城翁合崇安人歷侍請有丹山集

泉州十二人

漳州二人

延平六人馮夢得南平人篤志嗜學博洽經史

汀州二人

興化十人

福寧十人繆烈、福安官終倅郎內行修明勤於誨人所著春秋講義

淳祐元年

福州三十九人

建寧十八人吳勢卿建安有傳

泉州十七人

漳州一人

延平四人

邵武三人上官焕然、有傳

興化三人

福寧十四人劉自福安人劉滐自之兄

淳祐四年

福州三十五人林公玉羅源人建武教授鄭諤人有法

格福清有傳

建寧十六人

泉州十一人

漳州四人陳夢立景肅之孫及第長泰

延平二人

汀州二人

邵武一人

興化一人

福寧九人

淳熙七年

福州五十二人章孝叅古田有傳

建寧四人丘富國建安有傳

泉州十九人呂中有傳趙若滬及第王庠庚之弟揖守惠州有防冦功俱晋江呂大圭德化及第

漳州五人

延平六人陳雅南平及第

邵武一人

興化七人方蒙仲初名澄孫大東之子秘書丞廷對追論秦檜罪狀錮其子孫士論是之

福寧十七人

淳祐十年

福州六十八人自此迄宋亡九九科附郡三縣正奏進士俱無所考志失其傳

泉州五人

延平六人
汀州二人范廷傑長汀四魁鄉薦
邵武一人
興化五人
福寧二人
寶祐元年
福州六十二人
泉州二人
漳州一人

延平五人

邵武一人危昭德有傳

興化二人丁南一莆田有傳

福寧七人

寶祐四年丙辰文天祥榜是榜福州進士俱殘缺失次文山登科録存足徵者特依名第倫書以補郡志之遺

福州四十九人陳賞懷安第二人陳俞第四人長樂蘇德載古田楊琦懷安陳卯東福清林元復翁仲德俱閩縣張詠之懷安楊次鄭許自王應龍俱閩

縣林鏜長樂李斌古田陳明同羅源鄭木潤連江李光

大閩縣趙必鏜　李振祖閩縣許一鳴　楊夢斗

長樂陳若蒙　歐歲　林春一俱閩縣吳之選永福

林伯介長樂洪子壽閩縣林春長樂黃應辰吳之

道永福林堯龍閩縣黃必大永福黃遂侯官倪洪永福陳

懿伯長樂王良翁永福林孟磁長樂楊叔濟閩縣陳預

羅源張夢高閩縣陳楚長樂趙必沵侯官趙君鈺福清馮

騰茂永福黃宏子　郭珏永福張清之懷安陳仲覓

侯官黃有　陳錫永福

建寧十二人祝洙崇安有傳

泉州十五人陳龍復南安有傳黄巖孫惠安有傳

漳州一人

延平七人

汀州一人

邵武一人吳季子國子監丞傳學有文

興化七人

福寧七人

開慶元年

福州十三人

建寧九人

泉州二人

延平四人

興化二人

景定三年

福州十七人

建寧一人

泉州八人

延平六人

邵武四人

興化四人黄鏞莆田人隱之裔孫寶祐間爲太學生與陳宜中攻丁大全坐放德祐初簽樞密院兼參知政事

咸淳元年

福州三十五人

建寧三人

延平二十六人

邵武二人

興化六人鄭獻翁奐之孫漳州推官宋亡不仕鄉行孚于時人余

謙一祖奐之玄孫知化州有錄

咸淳四年

福州二十六人

建寧一人

泉州九人

漳州四人

延平五人

邵武一人

興化五人陳文龍第一人有傳方公權有傳

福寧四人鄭君老有傳倪文一福安有傳

咸淳七年

福州十一人余發林古田人崇安縣尉傳學能文操筆立就

建寧一人

泉州三人周鍾判南劍州有惠愛卒官行道流涕

漳州一人

延平十三人魏有慶應之兄大學士南平

邵武一人

興化四人黃仲元（莆田有傳）

福寧一人

咸淳十年

福州七人

建寧四人劉應李（有傳）熊禾（有傳俱建陽）趙若摯（崇安有傳）

泉州三人林介卿（有傳）劉叔智（有傳俱晉江）

興化六人郭廷煒（莆田有傳）

閩大記卷之七

國朝鄉試甲科年表 有序

明興設科網羅文彥初試經義中以論表末條五策有考有監易書糊名拔其尤者獻書天府其得雋南宮射策彤庭廼成進士布列中外士脱輿牒立朝廷舍是無階可入矣予往閩鄉長老言成化以前淳風未漓考試或徵宿儒不必有官士恥苟得鮮事鑽刺正德季年監者匪人科目為市倖進多門輿論明憲

國朝鄉試甲科年表

閩所畏忌至于今日予盖難言之繇斯以譚賢科之設始未嘗不嚴密後寖陵夷遍閱所舉以論其世亦賢否得失之林也予菲踈艱于進取感時撫事輙用竊歎櫨橅詮次以鄉舉為主成進士者大書之無遺于別籍

洪武三年庚戌

福建鄉試（解額三十人同浙江會試惟辛亥一舉）

福州黃綬魏雲鄭貞仲孫文清四人並辛亥進士何文信（浙江第一人以上閩縣）李煇林器之葉德

潛二人並辛亥進士以上候官陳信之辛亥會試

第三人進士林德亨林信孚二人辛亥進士

趙晟以上懷安林文壽陳洽祖二人辛亥進士俱長

樂人陳執中連江辛亥進士游奸德國子助教趙士奇

知州二人連江應天中式李昇第一人辛亥進士張

必泰王玄範林嘉薛理原元末鄉舉林大同蔡士

賓六人辛亥進士以上福清進士福州惟林信孚三甲授主事餘並縣

丞官

泉州陳章應有傳何德舉知縣二人辛亥進士俱晉

江人

延平張鳳長史將樂徐光知府順昌

興化龔與時廣東行省檢校鄭潛縣丞林衡應天府尹三人

辛亥進士

福寧鄭廷寔辛亥進士福安人試錄誤作永福狀入福州

洪武四年辛亥

福州李卯邵行清俱閩縣林文福侯官楊全懷安許

孟陽古田林谷顯第一人汚陽知州周清縣丞趙裕伴讀陳

伯琬以上長樂蘭同甫知縣連江林煒陳臨一名霖知許州有惪

政
馬英有傳　林清夫同知　劉炎　陳徽御史以上福清
泉州陳顗　沈章主事　林剛中御史三人泉志不載何年始附于此
延平張文衡　尤昱俱南平
興化方徽歷御史給事中懷慶知府言事諫官　王寅給事中　黃至縣丞　朱潚兵馬使　方穀主簿以上莆田方徽黃穀莆志癸丑進士誤

洪武五年壬子
福州裴希和閩縣　王孚懷安　鄭幬古田　陳珪閩清　葉允

吉主簿長樂陳子晟荆府伴讀善屬文為宋濂所重早卒方孝孺銘其墓

陳奎羅源柯龔縣丞永福林璟鄭宗淳陳源主簿郭本

初以上福清

福寧周斌長史寧德湯宗誠知縣州志載宗誠八年鄉舉非是按福州舊志所錄七年甲寅九年丙辰其名先後複出考之實故五年以後悉罷鄉舉或者諸人所舉在五年以前志有遺軼乎何諸郡寥寥也

洪武十七年甲子是年復開科三歲一舉鄉試以子卯午酉解額七十人會試以丑辰未戌無定額

福州陳曾倪烱孫崇御史高景材慶生之子縣丞

四人乙丑進士以上府學唐震戊辰進士第二人
翰林編修盧章以上閩縣陳益侯官王福御史卓門訓導林細
三人乙丑進士以上懷安陳仲完乙丑進士有傳陳
洵仁仲完之弟乙丑進士給事中以廉介英果稱
羅知乙丑進士御史陳瑤知府陳湜教諭潘恩貢應天中
教諭以上長樂李林知縣丁坤縣丞林瑜河南參政陳煥執中之子
工部主事林龜年貢應天中五人乙丑進士陳注教諭以上
建江余琀乙丑進士金華通判羅源陳賓江西參政朱聰縣丞
二人乙丑進士俱永福鄭珇第五人有傳夏仲廣西僉事

王瞮縣丞三人乙丑進士俱福清
建寧劉伯教諭謝琁訓導府學俱葉復知縣葉燿御史葉
規通判李增知縣四人乙丑進士以上連安章賜教諭以上
浦城丁顯貢應天中乙丑進士第一人翰林修撰羅寅乙
丑進士知縣建陽俱李濬有傳江觀縣丞二人乙丑進
士俱松溪陳淇庶士吉范明縣丞二人乙丑進士俱政
和人
泉州黃維清乙丑進士辛官九江知府濂勤平恕有聞
周同生乙丑進士京衛知事楊禮初以上晉江劉安生

乙丑進士安溪
漳州蔣復初劉海戊辰進士俱龍溪周宗起漳浦
乙丑進士寺丞黃仁義南靖乙丑進士縣丞
汀州沈仲維連城貢應天中廣南知府張子恭長汀乙丑進
士諫議大夫李子清連城乙丑進士縣丞
延平李鏞南平徐子濬順昌鄧文鏗乙丑進士有傳
丁永保乙丑進士俱沙縣
邵武周文通府學乙丑進士給事中黃伯珪光澤乙
丑進士御史

興化周弼乙丑進士樂會縣丞改興化府學訓導

鄭永都督斷事高成乙丑進士知縣以上莆田吳懋仙遊

乙丑進士縣丞

福寧薛威州學翁公資御史寧德

洪武二十年丁卯

福州馮伏都督府都事王廣潘善應禮部員外三人

戊辰進士林謹以上府學任貴胡龍戊辰進士俱閩縣人宋瑜侯官汪義教授趙綱都督府經歷陳禄教諭劉琪以上懷安林輿教諭陳益教諭陳震教授陳謹知州林原紀善

潘良序班二人俱應天中以上長樂陳昂游義生二人戊辰進士俱御史連江張留孫湖廣僉事羅源彭貢戊辰進士主事黃澄教授俱永福林京王辛陳堅三人戊辰進士陳鋐教諭以上福清

建寧陳閏教諭范益經歷張烱教授林龢教諭王進教諭吳僧訓導以上建安吳道光第三人禮科給事中黃琮江西僉事李悌教諭翁德戊辰進士姜宗得知事以上甌寧謝馬楊元貴俱政和

泉州吳安生馮亮二人戊辰進士顏閏生訓導

魏慈生教授郭居賢教諭楊琇知縣以上晉江鄭正教諭吳
賢孫御史俱惠安
漳州盧奮鄭文賢陳應祖陳烱戊辰進士兵部
主事以上龍溪張哲刑部郎中林璟御史俱漳浦朱佛聰翁茂
俱龍岩應天中董幼穎長泰戊辰進士御史
汀州張顥宗寧化戊辰進士第二人雜傳黃宗岱
教諭連城
興化鄭雲湖廣參議程士吏科給事中二人戊辰進
士吳士崇李仁林泳俱教諭張則銘大理評事以上府學

阮顯顧聚教諭俱莆田郭寅教諭仙遊
福寧趙宣知州寧德吳廷進福寧曾寅寧德二人戊辰
進士俱主事二人鄉試不載何年始附于此

洪武二十三年庚午

福州唐燦第三人教諭陳錡王侗有傳陳昇孫源以上府學張伯福第一人王潛姜宗以上閩縣趙全知州陳桂張信黃玖以上侯官吳璲鄭琮仲貞之子教授李和教諭孫保以上懷安黃銅知州陳顯國子助教俱長樂林萊教諭孫保

御史鄭麟學正鄭貞主事楊謙應天中教諭孫奕教諭以上

連江陳廣教諭羅源林演典史周昌教授孫逵教諭以上福清

建寧陳觀林安吏科給事中二人辛未進士黃文

貴教授童文灑訓導許壽教諭以上甌寧劉元工科給事中浦城

泉州許同生典宝林瑯林維和大理寺副李儀鳳

以上晉江李容辛未進士御史同安莊宗訓導惠安

漳州蔡廣主事張賢知縣柯志德以上龍溪吳旭漳浦

黃文史長泰貢應天中第一人有傳

汀州吳禧連城貢應天中禮部郎中

延平石壽周盛俱南平陳保同知順昌

邵武吳言信辛未進士第三人翰林編修

興化陳荘余鶚俱府學學正　林義辛未進士工部郎中

王瑛知縣　張善教諭　林隆以上莆田　白志善仙遊

福寧王僧保寧德　陳瑛　鄭山俱福安

洪武二十六年癸酉

福州孔延甲戌進士　張璡　程偟知州　林直　陳穆

王褒有傳　高澤甲戌進士主事　上二人府學　應天中以

唐泰有傳　李廣祐二人甲戌進士　張順　陳晉以上

閩縣　高禎甲戌進士　江軸　潘玄以上侯官　傅盧刑部主事

下漢方廣以上懷安趙定紀善古田曹閏閩清貢應天中知縣
林賜第一人樂平教諭有文名師範亦端陳京國子助教俱長
樂人林英連江甲戌進士浙江僉事林皓教授鄭遂
兵部都給事中俱羅源鄔孟有傳福清
建寧劉復甲戌進士知縣建安葉勝教諭張貴甲戌
進士工部郎中彭福劉賢教諭以上甌寧葉文瞳詹溥
莫保俱知縣以上浦城李善知縣建陽童英甲戌進士
知縣崇安
泉州林正中教諭郭文昌甲戌進士知縣俱晉江人

徐鯉俊經歷南安陳隆通判王中陳福山二人

甲戌進士俱知縣以上同安陳勃教諭惠安

漳州林保一名瑤龍溪甲戌進士顧玄瑤龍岩

汀州羅永良學正連城

延平王苟甲戌進士知縣祝壽徐貴以上南平陳山有傳張康訓導沙縣俱

興化林曾甲戌進士許譓初名還生甲戌進士行人左遷教諭林要甲申進士行人林士敏有傳以上府學

蕭保訓導張振戶部員外以上莆田

福寧林觀有傳陳添州同林保童甲戌進士綏寧知縣
有治行以上寧德陳錡御史監察甘肅軍虜入冦錡不至死之未獲贈邮
福安

洪武二十九年丙子
福州王通第四人丁丑會試第九人華亭教諭林善
同陳長教諭潘閏丘良教諭方瑤陳郯貢應天中
丁丑進士第一人有傳以上府學陳童知縣吳璟龍泉知縣興利舉廢多惠政俱侯官鄭玄學正蔡海象山教諭倭冦至被執不屈罵賊死之陳行國子助教以上懷安林寶古田貢應天中教諭林耔

教諭蘭侃陳全貢應天中以上連江訓導吳安教諭阮復興
提舉李安教諭二人以上羅源貢應天中丘庸教諭永福李騏
第一人陵水教諭選給事中坐謫後知弋陽定海所至有声陳正陳嵓
陳琦陳賽林奇五人教諭以上福清
建寧李文保訓導徐因教諭建安俱謝悌教諭程賜丁
丑進士御史趙惟文以上甌寧鄭亮國子學正陳顏知府俱浦
城詹易知縣建陽魏鐸主簿松溪張志訓導崇安
泉州李學敏吳遜莊謙才丁丑進士參議鄭懋
中有傳府學以上馬保陳賜俱教授何安訓導晉江以上

仲以上俱官曾芑庚辰進士懷安唐亨訓導吳彬知縣陳

節知縣以上連江陳義生永福貢應天中庚辰進士刑科給事

中林福山西理問福清

建寧楊子榮第一人庚辰進士賜名榮有傳雷慎庚

辰進士有傳建安俱陳綬劉德御史李瑀二人庚辰

進士林禄以上甌寧徐奇歷戶科給事中廣東布政使有治材以憂去尋

卒黄福太常博士預修性理大全陞寺丞卒于官余保孔目以上浦城

丘錫教授預修永樂大典數典文衡老而好學不倦丁護俱崇安

泉州薛用昭府學甄貫所正同安謝仙舉伴讀沈正嗣

知縣以上安溪

漳州顏隆龍溪王誠浙江都事陳志中應天中俱龍岩

汀州高季山知縣上杭

延平胡昭善學正王壽俱南平

邵武陳顒縣丞府學黃寧序班光澤吳琬建寧以稽程諭典史再舉

湖廣鄉試庚辰進士戶部員外

興化陳道潛非傳黃重知府二人庚辰進士林和

戶部郎中先知羅縣有惠政朱津教諭鄭觀葉保俱授教林邑

有傳黃壽生方定衛經府李歷以上林泰第縣二人知

李良（教諭莆田）俱陳繼之（莆田有傳）儒士魏仙（興化縣李）
福寧陳玘（給事中）姚熊（州判寧德）俱鄭富（訓導福安）黃宜
寧德庚辰進士（知州舊志不載何科）

永樂元年癸未（福州舊志有三十五年壬午一榜他郡不然靖難革除誤分也）
福州洪順（第三人）甲申會試第三人進士（有傳）何
曾王庸任童葉容黃安丙戌會試第二人進
士（吏部主事）鄭濟（教諭以上府李）胡敬陳立本二人甲申
進士鄭顒（紀善）林賢（以上閩縣）鄭淵陳貞王槐嚴光
祖四人甲申進士陳姜（以上侯官）程春甲申進士

懷安知縣王楷　教諭金第俱長樂　馬宗誠古田貢應天中訓導　許瑢甲申進士閩清人別省中　黃銳甲申進士知縣　黃潤教諭　黃須教諭以上永福　陳申羅源　陳佛甲申進士知宜都縣　邑人名以活佛福清

建寧田忠甲申進士改庶吉士歷江西參議以公廉稱　江鐵甲申進士改庶吉士歷廣東參政先為御史有声　江貞有傳　雷祔以上建安　張策教授　彭福甲申進士司副甌寧　俱徐安陳瀚二人甲申進士　潘賜甲申進士有傳以上浦城　吳廷用政和人甲申進士給事中超拜侍郎以孝聞服除致仕

泉州倪維哲刑部郎中謝敏知縣劉孔宗參議三人甲
申進士蔡維溥林良甲申進士趙仝陳真俱教
諭丘全訓導以上府學林鳳甲申進士戶部郎中梁嗣隆
訓導黃應以上晉江康賢歐陽隆祖教諭俱同安朱雅訓導
惠安辜敏道甲申進士知縣葉賢生教諭俱南安
漳州鄭宗教諭王昇甲申進士有傳陳英胡春同
教諭以上府學黃仲瑶甲申進士伴讀龍溪許愌教諭漳浦
王源甲申進士有傳楊真俱龍岩戴同吉參議盧
遂知縣二人甲申進士俱長泰

汀州蕭清戶部郎中曾子榮教諭王中參議三人甲申進士以上長汀李誠癸未進士林應福俱教授江文勝訓導上杭以上謝惠張永隆紀善清流俱三人甲申進士何志道劉隆甲申進士僉事武平俱延平方達朱員訓導章綸李鐸甲申進士以上南平紀子康尤溪吳復將樂甲申進士廣西副使為御史有声邵武花潤生有傳劉永賢貴州參政黃楚知縣王定行人吳禔江西僉事五人甲申進士高誠應天知府中陳子良教諭黃成宗訓導以上府學李普安教諭建寧

興化陳用第人一已丑進士改庶吉士歷侍講辛官顧本

德陳安泰奉祠二人甲申進士戴員保陳信功

二人丙戌進士陳絮教諭以上府李周慈訓導黃謙甲

申進士魯府伴讀雅善詞翰俱莆田莊觀生甲申進士

通判興化縣李

福寧吳童陳宗孟有傳林泰御史三人甲申進士

以上寧德蕭顕知縣林壽御史二人甲申進士俱福安

永樂三年乙酉

福州林真有傳劉賜知州高同以子旭贈給事中徐麟教諭

李聰高應知州黃岳推官以上府學郭蘭林均葛回
丙戌進士山東僉事以上閩縣王善辛卯進士有傳
蔡懋丙戌進士林京安林壽丙戌進士鴻臚寺丞
王良乙未進士王璲儒士中以上候官邵輝丙戌
進士国子助教王徽張安州同沈慧国子助教陳閏丙
戌進士徐禮教諭趙益貢應天中丙戌進士鄭回
別省中丙戌進士以上懷安蘇光主事古田高沂陳全
丙戌進士第二人有傳池鯨訓導陳驥江西中丙戌
進士主事以上長樂方義丘文政林樞貢應天中教諭

連江倪濟教諭丘政訓導永福俱敖旦汪清鄭添丙戌進士主事福清以上

建寧吳春謝沚二人丙戌進士俱知縣魏春經歷

饒賜知府二人丙戌進士陳原祐壬辰進士通判

林道安以上府學鄭洙第五人訓導魏福教諭連智

乙未進士翰林修撰閔富兵馬張珂丙戌進士浙江參政

致仕知贛州府有声雷錞知縣汪濟教授葉濬丙戌進士知縣

以上建安謝善巳丑進士御史高第壬辰進士江西僉事

張黻王觀以上甌寧蕭福第四人丙戌進士兵部員外

饒生丙戌進士李有禮教授陳遜壬辰進士有傳
以上浦城范普建陽張美政和斐昊崇安丙戌進士江西僉事
以嚴介稱
泉州楊端儀第一人丙戌進士吏部主事朱鐸丙戌
進士有傳李斯義丙戌進士州判柯應隆知縣黃敏
以上府學留震知縣晉江蔣疇壬辰進士監察御史獨持風裁陳
季良訓導李仲良訓導南安以上淩輝德化壬辰進士
江西副使黃同訓導陳文驥教諭俱同安余福惠安丙戌進
士撫州知府左遷太平府同知以廉介聞楊賢德縣丞安溪薛克

銘順天中教諭
漳州顏珄丙戌進士有傳陳坤竒乙未進士俱府
學蔡廣柯志得陳彧應天中以上龍溪藍通漳浦貢應天中
教諭張觀龍岩林濤通判林晶訓導俱長泰許英南靖
汀州葉任童彥通陳祥以上府學賴從善教諭雷
迅丙戌進士知府張源以上汀長陳子義寧化教諭李
俊教諭盧政縣丞俱武平賴添貴長史湯叔良訓導黃
志忠知縣以上清流
延平吳恭府李戊戌進士王禮第二人南平陳璣尤溪

黃皜推官沙縣盧聚趙曦俱州判順昌
邵武張安鄧希寧俱教諭府學黃惠運判縣李蕭吾
義泰寧知縣貢應天中黃迪官冕教授黃勉教諭以上光澤
興化林恒肅第三人教諭黃暘己丑進士第三人
翰林編修陳吉生朱隆州同黃建丙戌進士御史陳永
儀俞智孫孫光教授陳熊林乾教授三人應天中以上府李
林環丙戌進士第一人有傳鄭鏞教諭陳居州判林
長懋有傳方陽方濬源教授陳寔丙戌進士改庶吉士
李全黃正趙仲行應天中丙戌進士主事朱侃儒士

以上莆田黄顯仙遊陳恭黄隆生應天中俱興化訓導吳
公榮教諭黄恒教諭俱莆田別省中
福寧林春通判麥鑄俱州李陳靖知縣高濬辛卯進
士肇慶知府陳燁以上寧德陳琦福安壬辰進士有傳
永樂六年戊子次年會試寄監肄業至九年殿試辛卯賜進士
福州陳輝乙未進士有傳陳外張祝教諭以上府李鄭
義第五人戴乾壬辰進士主事郭崇林衡辛卯進
士御史徐福趙濟陳敏儒士閩縣中以上林澤侯官陳
傑第四人鄭斌教諭陳興訓導秦顯推官林平林文澤

應天中壬辰進士會試第五人御史以上懷安王麟魏亨俱古田吳寶辛卯進士有傳後復姓林林錦林衎教諭

林泉應天中以上長樂葉極教諭陳最學正陳得安儒士中訓導以上福清

建寧雷吉生第人一己丑進士有傳許繼俱府李謝泌教諭建安徐表訓導張意知縣黃鑄教諭鄒烜御史張琦

吳安推官張策教諭以上甌寧張琳教諭史振俱浦城范澄典寶饒廣主簿建陽俱楊誠有傳江鱗知縣松溪俱李兆張珽教諭崇安俱

泉州丘重刑部郎中與修大典劉宣訓導李祐訓導王純禮以上府學陳公爵知縣胡守宗壬辰進士吏部員外俱晉江陳毅知縣南安林挺戶部郎中劉時道通判張孝綱主簿陳顯宗以上同安

漳州盧琦郭邦寧教諭俱府學顏旺祖別有中盧盛祖俱龍溪黃鳳漳浦應天中教諭蔣志道龍岩乙未進士

余朝佐監事南靖

汀州謝應餘吳祿俱府學官讓提舉長汀伍宗源乙未進士浙江參政雷汝康知州俱寧化陳觀教諭林顯應天

中俱上杭朱永明主簿清流葉幹教授江濬俱城連陳詳辛
丑進士御史長汀
延平葉宜壬辰進士有傳施顯朱隆梁觀以上南平
劉道祥通判陳薑同知沙縣俱
邵武吳璽有傳詹秬理問許銘生周賢生經歷以上府學
李兆楊善榮俱訓導泰寧張誠己丑進士有傳余隆
俱建寧周仕能縣丞光澤
興化楊應第一人己丑會試第三人進士改庶吉士
泰授官辛陳中第三人教諭林賢教諭吳誠壬辰進士林

熊。已丑進士御史。黃棨晦教諭。王凱壬辰進士户部員外。黃壽生應天第一人，再舉已丑進士，改庶吉士，預纂修，授檢討，九載卒官。林經知縣。以上府學。鄭濟學正，有書經說。

趙紹獻、洪鎮俱教諭。以上莆田。張端仙遊。

福寧林棠、徐泉俱福寧。林輔、張轅應天中。訓導。俱福寧。

永樂九年辛卯

福州林誌第一人。壬辰會試第一人進士。有傳。黃澤第二人。壬辰進士。以進士朝謁，即拜河南參政，歷浙江布政使。家居值鄧寇亂，諸司皆問計防禦。長於文斈，兼通命數堪輿之秘。

孫曦壬辰進士刑部主事林碩壬辰會試第五人
進士有傳楊安以學上府張舉第三人戊戌進士
鄭憲琮之子戊戌進士通判郭廉戊戌進士御史戴
禧儒士中乙未進士林褎儒士中林密應天中劉諆
江寧籍應天中乙未進士知府鄭闓應天中壬辰會試第
三人進士有傳以上閩縣林定乙未進士王弼乙未
進士吏部主事陳順丁未進士南安知府林壽字久齡洛陽教
諭鄭瓛應天中知縣以上侯官江繼宗彭順俱訓導陳芝
陳蓁戊戌進士主事林曾林文結儒士中乙未進

士有傳以上懷安吳牧曾斌有傳俱古田陳桂知縣陳鐸教諭馬鐸應天中乙未進士第一人有傳陳昌應天中以上長樂人鄭萇主事丁鏞坤之子知州韓魁應天中戊戌進士交趾縣丞丘細應天中林森儒士中教諭以上連江林琚訓導羅源黃瑢教諭許通俱永福韓弘乙未進士有傳黃濟曾佛應天中乙未進士教諭林志儒士中辛丑進士知縣以上福清

建寧孫應張順俱府學陳原祐壬辰進士通判葉讞知縣楊禮礼部郎中黃燧教諭以上建安李惠教諭杜宗有傳

杜自然[通判以上甌寧]徐官[教諭]王許[戶部主事]李祿[州判]蘇

賑[知縣以上浦城]游熊[訓導松溪]胡德[教諭崇安]

泉州林安乙未進士[復姓陳有傳]曾濟戊戌進士

[知縣]卓真教諭傅沇乙未進士[知縣以上府李]林廣[教諭]

[晉江]葉暘[同安]辛卯進士[知縣疑別科鄉試]

漳州蔡肅[經歷漳浦]蘇英[龍岩天中]貢應楊驂[教授長泰]

李貞乙未進士第三人[絹修乙改教授]江澄乙未

進士[戶部郎中]賴清[教授]張驥[訓導]盧閏[教授以上南靖]

汀州吳得全[府李]辛丑進士陳善[長汀]戊戌進士

大理寺副張彥銘　通判陳辰教諭羅閆賴海教授以上寧化
游瑩訓導梁瑯李綸江西副使二人俱乙未進士郭
安定訓導以上上杭巫章瑶教諭伍禮俱清流羅矩余遜
徐行以上連城
延平朱經謝瑗張清李勝州判王勝俱南平潘宗
惠陳琮林祖以上尤溪
邵武魏達知縣朱滿訓導俱府學朱維禎知縣邵武王賢
教諭鄒安翰林檢討梁福慶訓導黃清學正泰寧以上曾真
保邵武儒士辛丑進士知縣

興化吳潛壬辰進士吏部主事方鼎乙未進士御史
改知縣鄭興宗教授盧質中壬辰進士知縣以子同贈長史
以上府學余文壬辰進士知府洪成宗訓導林遵節江西
中乙未進士知府以上莆田
福寧鄭琯教諭福寧陳彬乙未進士吏部主事寧德陳
希福寧

永樂十二年甲午

福州洪英第三人乙未會試第一人進士有傳陳
景著乙未進士第三人有傳鄭塾乙未進士歷礼

兵工部主事三陳皓訓導陳循鄭瑛劉鳳知州二人乙未
進士以上府學鄭瑩第五人乙未進士陳叔剛辛丑
進士有傳羅澤甲辰進士御史陳宗琦卓𦣝鄧斌
董龢儒士中戊戌進士貴州布政陳豫吏中以上閩縣程震
乙未進士葉策林生王濤更名孚教諭林真戊戌
進士御史鄭珞儒士中乙未進士有傳以上侯官何瓊
第一人乙未進士吏部主事嚴烜乙未進士有傳林道
乙未進士御史林道明教諭林得貢順天中戊戌進士
戶部主事林文秩江西中乙未進士有傳以上懷安江潤張

隆俱教諭　章潤乙未進士刑部郎中　謝復進乙未進
士山西參政　劉時蔣復教諭　曹賢乙未進士太常博士　陳
拱教諭　劉徽知縣　陳惟待訓導　陳聰乙未進士行人　王
用懌儒士中靖江長史以上長樂　孫欽乙未進士江西僉事
孫瑞訓導　孫後以上連江　倪建資羅源　張泗永福　陳廣　林
穌教諭　林添保儒生中以上福清
建寧鄭汝誠　黃仲芳乙未進士有傳　朱泗州判以上
府學　連均建安　乙未進士有傳　魏瑢乙未進士　謝時
清任保教諭　范忠甲辰進士兵部主事以上甌寧　葉恕

乙未進士御史陳珙教諭浦城俱胡昂松溪吳安政政乙
未進士御史
泉州楊和陝西僉事徐升堂復姓余辛丑進士陳有
曾訓導林禮吳應宗乙未進士以上府斈林儀鳳御史
吳凱經歷陳應良乙未進士御史羅閏乙未進士
副使吳靖教諭蔡輝王瓚以上晉江張衡白尚德戊戌
進士知縣張宗庸乙未進士御史以上同安陳除助教陳
濬御史俱惠安蔣應德化
漳州方觀訓導陳旺有傳龍溪俱張知新漳浦中別有

唐泰第四人乙未進士知州蔡昇泰訓導薛瑩教諭
張宗吏中乙未進士兵部主事以上長泰許敬南靖
汀州周弘府斈辛丑進士御史吳得誠徐瑀俱教諭
張彥忠知縣以上寧化劉贊教諭林慶宗俱清流
延平上官儀辛丑進士知縣丘良俱府斈范順南平
張聚戊戌進士御史蕭驥俱將樂詹源尤溪朱庸
訓導鄧祖賴福俱推官以上沙縣
邵武黃克昕州同官本縣丞楊孟知縣以上府斈官琚乙
未進士戶部主事李得全乙未進士御史李紹宗乙

未進士僉事伍寧教授王褕黃端俱訓導以上泰寧黃原
昌建寧乙未進士戶部員外黃正教諭高用江禮初訓導
以上甌寧李義泰寧貢應天中教授
興化朱顯宗第二人林時乙未進士有傳林勤士敏
之子以教諭同考會試林坦乙未進士貴州按察使陳渠戊
戌進士知縣朱勝乙未進士御史余耀乙未進士江西僉事以上府斈
有傳郭爵斈應天正中黃察乙未進士
林漕斷事黃晉教授黃宦教授以子謹贈御史以上莆田
福寧林良戊戌進士知縣盛福學錄俱福寧陳璣林

縉俱寧德陳僖訓導王熊陳新知縣以上福安

永樂十五年丁酉

福州林崇陳良珪林茂叔戊戌進士曾聯蘇

華林友清以上府學劉環陳源王澤以子英贈戶部郎中羅

紋訓導胡瑤薩琦庚戌進士有傳羅繹紋之弟教諭王

輝應天中戊戌進士鄭瑛字希晦初舉明經再試南畿中諭武當督

役湖廣再舉樂會訓導有文名兵源儒士中戊戌進士洪嶸

淳安籍儒士中辛丑進士以上閩縣廖伯牛第三人御史翁清

陳宗程晶震之弟教諭楊佛童更名復湖廣參議包岡教諭

戴玨林彤教諭謝錡儒士中以上候官劉哲教諭陳恭張
福生訓導申居鐸蘄水教諭誨人嚴而有恩以上懷安陳庸閩清李
馬第人一戊戌進士第一人賜名騏有傳張汶陳詹
俱教諭陳灝歷陝西按察使初為教官用嚴烜薦超擢御史有風裁以僉憲督李
山西其職舉高淮林隲陳京辛丑進士縉雲知縣何惟
善潘正戊戌進士行人林希教諭馮寔儒士中以上長樂
張貞山西參議趙雍甲辰進士雲南參政貴州師督餉有功
林奈江西中戊戌進士州判以上連江尤端訓導羅源
建寧雷燧戊戌進士有傳吳任知縣建安俱李衡知縣

陳祥通判甌寧俱劉童建陽戊戌進士知州葉敷鄭旭

俱訓導松溪彭新政和

泉州王彥英戊戌進士參議何季辛丑進士知縣

曾孟初署丞許瑭訓導張節教諭李英訓導鄭文欽楊

參以上府李陳道曾戊戌進士有傳朱鑑有傳王立第四

人王燿知縣陳滿通判以上晉江莊蒞知縣何惠生訓導趙

庚州同以上南安薛陽生教諭徐榮蔡昭以上同安蔡恭戊

戊進士同知蘇觀通判涂元知縣葉禎教諭以上惠安

漳州王昭訓導林懋知縣蔡睦一名檖戊戌進士謝

璉丁未進士第三人有傳以上府斈陳瓛鄧誠俱龍溪
劉和助教薛琇教諭蔡銘訓導祀鄉賢以上長泰
汀州王瑛山西布政使致仕王泗訓導俱府斈賴瑄韓
璿俱長汀羅經戊戌進士有傳吳澄教諭曹寧知縣黃
中黃祐應天中以上上杭王璲訓導清流吳獻連城
延平包耕吳壽俱府斈陳淵尤溪楊賜主簿將樂廖文
昌御史謫官過寇之福蕭讓斈正俱沙縣鄧恭斷事張誠
訓導俱順昌
邵武上官祐李居正教諭王靖知縣張先知縣朱莆

通判危繼訓導吳環州同丘繼主事以上府斈黃回祖甲辰
進士改庶吉士危永照蕭能貴俱訓導以上泰寧張義建寧
侯端官銘教諭俱先澤
興化吳公榮第三人教諭鄭述辛丑進士南雄知府有惠
政方鯉戊戌進士有傳鄭孟良助教吳任丁未進
士知縣黃坦林李翁瑛檢討助教以子世資贈户部尚書林祿
吳宿知縣趙滋教授魏矩斈正以上府斈林講訓導林壽
英王偉戊戌進士知府顧童鄭道知縣林孫訓導林
庭芳應天中戊戌進士知縣以子敬贈户部員外徐資用儒士

中戊戌進士知縣翁長儒士中訓導以上莆田吳義李安
俱仙遊翁文旻訓導鄭球俱興化縣
福寧陳紀景壽之孫教諭林尹保童之子陳善以上寧德鄭
珊訓導薛佛教諭陳弼郭般以上福安

永樂十八年庚子

福州陳復第四人甲辰進士有傳姚銳甲辰進士
都給事中死土木之難馮瑗王溥林繹趙建金壁知府以上
府學張衍聰之子甲辰進士刑部主事曾拱陳乾陳鐸
鄭理劇靖安教諭性坦夷諸生敬其文學方立林隨緣林元

美儒士中辛丑進士有傳以上閩縣高旭第四人癸丑進
士有傳劉和姜志林燿王獻以上侯官陳潤柳廣訓導
王信紀善林庸教諭林文安鄭崇儒士中己未進士
林玉吏中以上懷安王康高森斈正鄭瀚王錫應天中辛
丑進士知縣黃文政儒士中甲辰進士歷南道御史山西僉
事所至剛果舉其職潘財儒士中高紹保儒士中教諭戴均吏中
荊府伴讀以上長樂董密訓導趙恢癸丑進士第二人歷庶
子侍講趙璉訓導以上連江林聰訓導永福卓觀斈正鄭欽陳
寔教諭王神祖儒文中以上福清

建寧張疇訓道雷壋斈正馮繹訓導范圓教諭譚廣知府

彭友滕康有傳以上府斈魏琮教諭趙震葉鋐知縣以上建安

陳悌甲辰進士御史知府暨和經歷俱甌寧張善辛丑

進士御史鮑寧俱浦城陳恭署丞建陽林翁經歷崇安黃穆

余繆范星以上政和

泉州徐陟郭全教諭俱府斈陳璲晋江彭壽教諭南安李

讓教諭李賢祐甲辰進士戶部員外俱同安馮穀教諭林

信俱南安翁進永春曾灝訓導德化

漳州洪祖教諭張紳陳秉質以上府斈許安教諭黃璋

蘇疇（以上龍溪）陳翼　陳豐（翼之弟）丙辰進士（有傳俱漳浦）

陳義　劉銳（吏中）辛丑進士（户部員外俱龍岩）林震　庚戌

進士第一人（翰林修撰）陳信宗（教諭）林韙　吳成　王

麟　許顯　陳先　暨（訓導以上長樂）韓琰（南靖）

汀州曾子盛　周冕　王振　林宗（教授以上府斈）郭友

賢　賴琛　朱滿（以上長汀）伍志亨（礼部郎中）伍志厚（給事中俱）

寧化丘聰（訓導）劉誠　謝佐（俱上杭）

延平洪宗慶（兵馬指揮先任通判）朱廣　高祐　陳宗（以上府學）

彭壽　吳寧　朱盟（以上南平）林同（南平儒士）伍訥（教諭將樂）鄭

存性訓導沙縣張彬教諭順昌
邵武黃子祿教授諶敬曾昶俱教諭以上府斈黃瑛教諭
縣斈葉繖教諭泰寧謝信教授建寧
興化吳觀第一人一辛丑進士礼部郎中陳中第二人辛
丑會試第一人戶部員外致仕以壽終黃暹鄭砮俱訓以
導吳祀葉珙朱忠俱教諭方懋黃壽俱訓導上府斈
徐存書林淳鄭慈郭暹丁未進士戶部郎中王時
若教授唐智黃奎洪瑛陳祿順天通判中朱晅儒士中教
諭以上莆田陳闢仙遊林佑軍生中

福寧陳昱教諭福寧張昭湯景州同寧德俱崔敏應天中訓導鄭壁經歷鄧謙以上福安

永樂二十一年癸卯

福州何宣吏科給事中陳治陳光教諭林彥輝陳繁以上府學王員趙悌丁未進士叅政蕭鑛游烱劉文端蔡文璟儒士中張瑜聰之子儒士中林鈍儒士中有傳高瑤浙江中以上閩縣陳均厚黃紹員外二人丁未進士鄭珙教諭林琚助教張衡林瑭三人以上儒士侯官中程珙陳濟訓導陳勝方福陳暘陳徽三人以上俱教諭懷安

李孟王教授潘仲郇訓導全愽潘休美教諭田鈞儒士
中以上長樂詹堙知縣林淮宗丁未進士刑部主事陳暾
訓導葉端教諭以上連江林埴羅源周晅同知陳美曹棨教諭
陳潛儒士中以上福清
建寧陳昇教授建安吳惠清教諭游賢俱甌寧徐矩訓導
浦城楊童翁瓊訓導崇安俱劉恒教授松溪
泉州何觀知縣黃貴俱府斈楊盛基晉江王智訓導南安
李玹知縣南安陳滎訓導惠安
漳州戴驥御史府斈汪凱人第一甲辰進士浙江僉事

黄璧俱龍溪鄭憲教諭漳浦

汀州張瀾叅議長汀范金教諭梁昊訓導闕和龔興教諭

以上上杭葉福清流

延平羅勝富陳得宗俱府學鄧富南平蕭順訓導將樂

邵武曹泰復姓陳有傳王勉俱府學李文禎知縣王廣

教諭俱邵武謝顥李秉絙俱建寧傅璿教諭朱光顥知縣

俱光澤

興化黄清寧教諭鄭垶陳恭教諭宋燦卓望以上府學

林崇陳均董復黄興第二人教諭李銅陳可晦教諭

三人莆田儒士林輝英之子河南中甲辰進士以子誠贈御史以上莆田
福寧謝崧福寧林思勉知事寧德俱林銘知縣福寧

宣德元年丙午
福州鄭建第二人庚戌進士有傳楊永第五人丁
未會試第四人進士御史林渭任海豐三載庶務一新時稱良
令吳初丁未進士知府晏寧教授陳述王志訓導黃
均長史以上府李陳康長史鄭志楊澄俱教諭吳康恕教授
陳賜丁未進士鄭亮瑛之子第三人儒士中癸丑會
試第五人進士戶部主事有文名致仕歸從學甚衆以上閩縣

李宗應盧惠李正侯官俱林惠李正懷安陳敏政古田丁

未會試第三人進士陳昊陳俞俱教諭陳淮助教

陳初以上長樂張子初御史連江

建寧龔錡建安庚戌進士第二人翰林編修陳華推官

甌寧

泉州洪顕長史李宗孟俱南安黃杲永春

漳州林僑教諭龍溪王應龍岩

汀州葉興教諭清流

延平王瑀教諭南平

邵武李惟恭訓導縣李

興化劉武林文庚戌進士第三人有傳方熙庚戌會試第五人進士改庶吉士以捐直授通判內艱歸遂不復仕卒年八十餘鄭溶吳鎮俱訓導以上府李林時望第一人教諭陳珪教諭以子俊贈兵部尚書陳師興教諭徐安祖教授朱環儒士中訓導以上莆田鄭師陳教諭翁福教授蕭為保之子教諭以子元甫贈知府以上興化

宣德四年己酉

福州朱奎教授劉垕方員癸丑進士有傳趙文鏗

教諭陳晶斈正鄭華馮瑶翰林檢討以上府斈林澄第四人瓊

州府知王珏閩縣張文侯官庚戌進士廣使東副陳文

升通判林震知州楊讓儒士懷安中教諭以上林叡教諭

古田趙正第二人上海教諭課諸生所業閩縣蚤夜陳瑄斈正鄭萬

奎教授俱長樂林柱周禧俱教諭林禎貢應天中教諭

林漢川萊之子浙江中教授以上達江陳子瞻第三人羅源林

昊教諭福清

建寧朱櫻教諭滕員郎中死土木之難府斈吳智助教甌寧

周志教諭政和曾恕教諭浦城

泉州陳智經歷陳永教授俱府斈王文訓導晋江吳爵教諭南安余英第五人德化
漳州郭潮府斈陳寵龍溪蔣輔龍岩
汀州曾瀾長汀人廣東第一人訓導馮瑩訓導武平雷亨教諭
賴世隆庚戌進士翰林院編修鄧冠之乱參寧陽侯陳懋軍事招討有功為權貴所嫉不得叙俱清流
延平黃琛己未進士將樂有傳葉偉尤溪劉嗣沙縣
邵武丘九思教授府斈
興化陳嘉訓導府斈李蒲第一人黃謙約仲之子俱莆田

吳福順天中莆田儒士教諭　王毅訓導仙遊

福寧林榮訓導寧德

宣德七年壬子

福州黃環教諭　劉繼教授　胡翔教諭　林昆以上府學　金叔朝　唐坦　林春　吳惠延平府學中第四人教諭　黃澄福寧學中歷教諭定安為人淳寔務存陰德卒于官因家焉　鄭瑆瑩之子建陽學中教諭曲江以子克昭贈員外郎以上閩縣　鄭建第五人訓導　徐宗復訓導俱候官　林璟教諭懷安　余端閩清　高耿第二人長樂

癸丑進士

行人　陳晴知府連江　陳廷珏訓導羅源

建寧朱奎教諭府斈　雷潛郎中之雅死土木　楊文樺訓導

俱建安　龔貴杭州知府　翁暘俱浦城　游敏教諭建陽　方成訓導

崇安

安

泉州馮觀第二人訓導府斈　羅袗安溪

漳州林雍　楊衡　戴傅以上府斈　李騰同知龍溪　李嶠南靖

汀州呂績清流　陳翊教諭連城

延平劉祐府斈　梁高尤溪　周效先吉水人隨父任中　張僖

丙辰進士戶部主事沙縣

邵武余智教諭建寧

興化林同第一人 鄭觀俱教諭 吳儼李正以子琛封員外郎以

上府李 李庭修癸丑進士太僕少卿翰俱工詞 林翔鳳

嵒之子御史死土木之難 方迪癸丑進士戶部郎中 陳善李正林

同助教 林繼環之子教諭 宋雍順天中第一人 癸丑進士

給事俱莆田

福寧黃澄

宣德十年乙卯

福州高尚第一人 丙辰進士刑部主事 羅均第四人知縣

陳傅第五人 丙辰進士給事中 謝回 陳暉定安教諭善詩

文　連福[以上福斈]李清源　張祐[訓導]朱章[訓導]張諤[以上

閩縣]黃廷儀[第二人侯官]丙辰進士[河南參議]趙壯[知縣]周

傑　丙辰進士[戶部主事死土木之難]林應[教諭懷安]以上

陳敦[教諭長樂]王遠[教授]黃真[俱羅源]林爍[教諭福清]

建寧　陳順[評事建安]江漢[訓導甌寧]

泉州　黃凱[訓導府斈]崔惠[有傳]黃寧[斈正晉江]俱　陳時敏

[教諭南安]陳性同[教諭同安]張曄[教諭惠安]

漳州　林兆　丙辰進士[知府]徐通[教諭龍溪]俱　張祖[教授]

[漳浦縣志作乙外]郭隆[第三人教授長泰]

汀州王鏗通判長汀張禎陳選俱上杭訓導

延平林慶府斈鄧福知縣沙縣黃資將樂黃佐訓導順昌

邵武龔斅府斈丙辰進士運使高敬縣丞

興化蔡亮教諭周哲御史知府俱府斈翁淼教授鄭炤斈正

林道昭教諭林渚黃龍應天中丙辰進士戶部主事以上

俱莆田縣

正統三年戊午

福州李忠第五人教諭孟玘己未進士戶部主事隨駕北征被傷而迯舊志載其曾讀易儲又請朝南內官終廬州知府

李榮己未進

士（行人）陳永崇（教諭）劉永剛（訓導）江武（教授）陳奉許敏（俱教諭以上府斈）張厚李叔義（吏順天中歷御史貴州僉事亨年幾百歲）工詩善丹青人共珍之）鄭傅（吏順天中教諭以上閩縣）余昂（第二人訓導）

林壤（知州）劉景正（教諭）潘禎　陳鈍己未進士（戶部主事）死土木之難以上侯官）申居建（教諭）莊鑑（教諭俱懷安）林僑（賜之子第一人教諭）陳希孟（知縣）陳漩（教諭）鄭序壬戌進士（有傳）

潘瓊（吏順天中階州斈正）林孟清（吏順天中以上長樂）吳善（教諭）周儀（俱連江）張鐸（訓導永福）郭譽（學正）李燦己未進士（有傳）

（俱福清縣）

建寧劉禎壬戌進士知縣楊琦訓導建安俱葉璣松溪

泉州薛滿教諭南安

漳州趙賢教諭林鈞李正龍溪俱倪庸龍岩洪聰李正朱

榮壬戌進士生事長樂俱

汀州魏得福連城

延平温儀第四人將樂

邵武鄒昌泰寧壬戌進士提學僉事

興化張勉第三人學正周坦教諭楊瑛已未進士礼部

員外林瑱教授方灦應天中已未進士有傳鄭夏應天中件

讀以上府斈　許賜方述同安　謝遜訓導　顧孟喬儒士中　壬戌進士有傳以上莆田　陳升仙游　己未進士行人司正

福寧林聰觀之子寧德　己未進士有傳

正統六年辛酉

福州羅增均之弟第五人長史　趙寧等錄　鄭鐄教諭　林琇

訓導　陳福教諭　陳良弼奉之弟四川提斈僉事　邵增　黃恭教諭

程文教授以上府斈　王英澤之子　壬戌進士有傳　唐鏗坦之

子教諭俱閩縣　施俊教授　黃鎬　乙丑進士有傳　周文瑞訓導

劉賢貢應天中　壬戌會試第五人進士　御史以上侯官

陳漢教授懷安趙汝宜訓導古田李森長樂人別省中壬戌進士主事趙皞璉之子教諭陳隆松江府同知擢苑馬少卿轉太僕政仕所至有声歸惟圖書家居怡如也俱連江黃勤教諭永福鄭恭教授夏裕

壬戌進士貴州按察使林泗貢應天中教諭鄭敬廣東中壬戌進士河南副使以上福清

建寧范光訓導府学鄭遠訓導浦城蕭崇教授丁慈甲戌進士河南僉事俱建陽

泉州莊敏府学乙丑進士雷州知府葉善同安戊辰進士御史詹靖安溪歷開州同知初令廣昌有声吳昜訓導惠安

漳州盧湞訓導府斈鄭敵李勃三人俱龍溪教諭魏璧訓導

蔡貴教授楊盛順天中教諭以上漳浦蘇霆龍岩乙丑進士

林堅通判長汀

汀州丘巖訓導上杭廖時中教諭武平黃源教授清流許浩

志第三人江朝宗俱教諭連城

延平符節推官南平黃英同知將樂賴成教諭沙縣

邵武陳秉忠訓導泰寧李舟教諭光澤

興化黃深壽生之孫第二人吳膺長史林時深渚之弟乙

丑進士行人丘瑀教諭陳瑩以上府斈方玭第一人教諭許

濟林長清乙丑進士有傳翁世資順天中壬戌進士有傳鄭熊師陳之子浙江中訓導以上莆田李梁乙丑進士御史周榮乙丑進士知府俱仙遊福寧趙儀教諭寧德鄭儒福安

正統九年甲子

福州沈綱第二人乙丑進士中書舍人陳叔紹第三人乙丑進士有傳林建伴讀高昇有傳姚舉教授鄭文鎬理劇之子伴讀陳興教諭以上府李王鑑郭政朱宗榮王勗上三人教諭鄭伯純貢應天中以上閩縣何濬教諭周榮熊

溪訓導侯官以上劉琮教諭丘毅良之子貢應天中俱懷安李
達騏之孫學正李叔王乙丑進士知府長樂俱許紳陳
慶訓導鄭陸教諭以上福清
建寧徐慶訓導馮鋋訓導俱府學丘福教諭建陽
泉州林瑋晉江
漳州鄭和戊辰進士雲南參議周宣乙丑進士有傳
潘榮戊辰進士有傳侯由僉事以上府學蔡浩知府
蔡瑛知府楊紹戊辰進士戶部主事鄭顒教諭以上府學
歐輝戊辰進士廣東副使長泰張寬辛未進士御史

改知縣

余慈王玭戊辰進士戶部郎中 蔡麟順天中以上南靖

汀州馬馴長汀乙丑進士有傳 賴康教授清流 李慶教諭

封川有人作功連城

邵武危俊教諭 鄧敬教授俱先澤

興化黃暉教授 盧同質中之子長史 鄭遷善興宗之子教授以上林

鄭立教授 林麒運使 鄭賢訓導 黃朝章訓導府李

智教授 陳瓚通判 柯潛辛未進士第一人有傳 李煥

訓導 林宗教授 陳暄乙丑進士知府致仕 方璿徽之嗣子訓導

黃滋順天中訓導　黃原謹教諭　林時讓埤之子儒士中以上莆田

陳昺仙遊　黃譽第一人戊辰進士浙江參政有聲改湖廣卒官

朱復勝之子教諭俱興化縣

正統十二年丁卯

福州邵銅第二人甲戌進士有傳　唐儀教授　龔福翰林檢討為人誠篤能詩　李貴榮之弟教諭　謝曆翰林檢討兼助教初任靖安訓迪有方　車寧戊辰進士有傳　林爚以上府李　陳煒叔剛之子

庚辰進士有傳　戴昂教授　陳瑄　潘岳通判　黃溫儒士中訓導以上閩縣　唐濮第四人戊辰進士山東參政　劉景星景正

之弟戊辰進士主事林清源鈍之子庚辰進士有傳以上

侯官謝琚第五人戊辰進士有傳王浩知縣俱懷安唐鍇

坦之子訓導謝瑀甲戌進士有傳閩縣戴天錫審理王阜

康之子訓導王濬訓導以上長樂林舉教授趙瑛雍之子知府俱連江

何宜戊辰進士有傳王克復丁丑進士有傳俞璟

甲戌進士廣東僉事龔章訓導以上福清

建寧張敏斈正吳鑑知縣俱府斈吳憲訓導政和

泉州張寬教授府斈溫良第三人中書舍人晉江吳大宜憲天

第三人州判同安

漳州鄭賢黃嚴俱斈正府斈李弼廬州同知加四品俸尤溪楊
武教諭漳浦賴旺龍岩楊釜長泰甲戌進士御史
汀州胡泰教諭饒熙教授俱武平劉宗教授清流
延平吳麟教諭沙縣梁高尤溪
邵武謝爊台州人父官邵武占籍辛未進士廣東教諭徐溥
戊辰進士御史俱邵武黃端建寧
興化陳俊珪之子第一人戊辰進士有傳翁世用戊辰
進士貴州叅議陳善辛未進士山東副使致仕葉巒辛未
進士御史嚴詮甲戌進士有傳以上府斈郭循初有傳林

渠教授林英助教蔡琟訓導以上莆田陳禮教諭仙遊吳智辛
未進士四川提學林暄教授鄭重光教諭陳延助教以上興化
徐宗海莆田人湖廣中訓導

景泰元年庚午庚午癸酉二科增解額至百三十五人

福州馬珏珏之弟鄭浩教諭王盧甲戌進士王佐
辛未進士有傳官伯齊三歷教職所至有声林孔滋辛未
進士改庶吉士陳谷常訓導卓奇周崟同知莊敬甲戌
進士林榮教諭黃德齡安之子知縣以上府學鄭同第四人
甲戌進士有傳崔永訓導王衡甲戌進士御史林士

淵訓導鄭宗誠儒士中教授李熙承差順天中以上閩縣姜紘

第五人訓導陳涓教諭周文奇文端之弟教授楊懋寔徐安

俱教授以上侯官林璟辛未進士御史州同黃景隆庚辰

進士知府林孔仁甲戌進士知縣鄭懿知縣潘汝輔

儒士中甲戌進士給事中鄭浩順天中以上懷安訓導陳文

粳謝章甫復進之孫知縣林公傑教諭施伯淳儒士中教諭以

上懷安翁賓第一人訓導林旦教諭林錦有傳宋毅訓導

陳鴻漸辛未進士有傳以上俱連江林文李璋訓導教

進旦之孫訓導薛世暅庚辰進士知府以上福清

建寧楊璋序班謝梃訓導俱府斈吳琮署丞連銑謝瀌知縣以上建安黃智知化州寇至死之浦城陳侍廣東提舉雷春教授俱政和

泉州林同陳亮丘壁重之子以上府斈莊諫陳埶通判俱晉江彭麟教諭南安黃觀同安丁丑進士李煜知縣安溪莊琦訓導柳盛教授俱惠安

漳州盧潭礼部員外林雍甲戌進士兵部郎中陳宣御史戴耀知府林泰通判郭鏗徐福以上府斈陳舒陳惠丙戌進士知府劉孜甲戌進士知府以工龍溪謝裕斈正侯

丑（訓導）陳鐔（同知致仕歷官有声）吴原　癸未進士（有傳）詹肅
（教授以上漳浦）周寅（龍岩）莊乾（訓導長泰）楊泰（知縣南靖）
汀州張弘（府學）周璇　丙戌進士（兵科給事中長汀）郭緒
（知縣上杭）蔣永洪（訓導）謝文寶（訓導存文名）江譽（訓導以上連城）
延平施觀　陳綸（俱南平）謝昱（署正順昌）
邵武朱濤（錄事）上官肇和（祐之子）聞永（訓導以上府學）楊
靖（訓導）虞孟（教諭俱邵武）阮肇（泰寧）董英（知縣建寧）
興化吴琛（俱之子）辛未進士（知府）林際　丁丑進士
（廣東提學僉事）陳敬　辛未進士（江西僉事）李榮　李純（俱教

諭朱寬丁丑進士給事中言事謫州判許文燁教諭陳載陳聰李正以上府李黃謹官之亍第二人甲戌進士湖廣僉事洪楷知府宋澄甲戌進士主事朱貴陽李正林忍承甲戌進士同知陳諧鄭庸訓導林憲教之子訓導鄭華儒中文甲戌進士助教陳思綱儒士中以上甫田陳燮御史僉事楊瓚丁丑進士考功郎中河南參政茅昌教諭以上仙遊宋泰順天中通判與化縣福寧卓越知縣福寧韓璟知縣龔膺甲申進士湖廣參議鄭永慶教諭以上寧德

景泰四年癸酉

福州林廸第三人丁丑進士貴州參政撫流民有恩陳

郕循之子第四人教諭鄧珙第五人丙戌進士參議陳演訓導

陳廷玉暉之孫御史僉事龔鑑復姓陳萊州教諭孝友貞直善訓迪

徐軫教諭朱泰教諭鄭克載垣之子紀善楊勝教授吳

溥林瀚元美之子丙戌進士有傳林宗文訓導林城知縣林

岡教授鄭必顯塾之孫教授林璠林墏知縣鄭鋹貢應天中

以上府學余亮學正黃塤丁丑進士廣西參政王晏教諭鄭

克剛理之子訓導謝琮知州陳孟聲承差中順天張潛驛丞

河南中教諭以上閩縣張德瑄教諭陳文鏗林壅宋經俱訓導林玭甲申會試第二人進士有傳盧璿教諭林希玉訓導王集林芝韓府紀善以子廷玉封給事中性剛與人交尚義時輩敬之林廷器儒士中以上侯官張文曾師孔教諭曾琳教授林宗甲戌進士知縣龔瑾甲戌進士刑部主事吳文澄教諭陳鎰知縣張汝華祝之子知縣鄭玉浩之弟訓導順天中以上懷安林漢恭教諭陳陵全之子教諭王思澤王德俱教諭黃熙甲申進士有傳謝士元甲戌進士有傳以上長樂黃珪訓導連江陳汝珪教授永福陳璽知州林洪

何熙江輝三人教諭許善繼儒士中訓導以上福清
建寧龔阮己丑進士工部主事謝文瑤楊仕倧丁
丑進士知州劉瓛訓導以上府學劉佐按察司經歷浦城程勉
陳賜俱訓導崇安
泉州楊智甲申進士知化州以御史言事貶死黃寬壬
辰進士浙江僉事俱府學林聰張復俱晉江陳琳林紀
州判俱同安
漳州李蕙戴經俱教諭郭舒甲戌進士戶部員外馬
環長史黃泰州同丁鵬以上府學楊述謝維陳宏癸未

進士湖廣副使汪範莊同以上龍溪陳爵南靖丁丑進士有傳蔡章吳森丁丑進士有傳羅明丙戌進士有傳俱南平傅軫知縣將樂邵武周灝知縣謝顥同知俱府夲葉茂僉事泰寧胡昇訓導

建寧

興化許評第一人訓導卓天錫甲戌進士會試第四人貴州按察使周轍丁丑進士主事陳經德訓導盧亨教諭林泉方守己丑進士有傳林敷廷芳之子丙戌進士知府方逵述之弟甲進士廣西參政高澄丁丑

進士知府陳傅文張紹方和叔解之子三人教諭高霖
獻民之子鄭傑教諭徐文沛陳貢甲戌進士廣東僉事以上
府夲吳繹思第二人丁丑進士有傳蔡瓚李珏俱教諭
林籽賢之子夲正吳徹教諭吳澄李體廣俱訓導林謇
教諭陳亨丁丑進士知府林烱程之子同知陳崇書教授
蕭光甫為之子署正林偃綖之子教諭林伋偃之弟助教黃
士學陳朝卿教諭吳承宗福之子教諭林彌贊教授鄭
啓善教諭林誠輝之子吳輔夲正方杰熙之弟儒二中教諭以上
甫田林越乾之子訓導鄭紀庚辰進士有傳陳遷甲申

進士江西叅政以上仙遊王福訓導史慶訓導化衛具周瑛鎮海衛學己丑進士莊賢有傳莊賢有傳平海衛學人福寧陳和學正以子貴贈刑部主事寧德

景泰七年丙子以前所取無定額四年著為令丙子以後俱九十人與浙江等

增

福州黃華第三人林敦教諭趙德林淳鄱陽教諭有時名善教家陳寬教授張景純諤之子劉朴俱訓導張純聰之孫瑜之子己丑進士知縣高瑤同之子有傳李宗達甲申進士知府龔章黃梅訓導家居頎修通志以上府學官舜第四人知縣

林禋訓導張續聰之孫諭之子教授朱鐸陳汝傑汝珪之弟張

燦有傳鄭克和瑩之孫丁王進士歷戶部郎中居官二十年卒無

以陰為黃友直教諭李恒陳安第五人葉思廣曾盛

本三人儒士中俱教諭孟晟廣西中以上閩縣劉琦方彥

京俱訓導黃惟絢教諭林必芳儒士中以上侯官陳廷璧

陽之子訓導包綺岡之子儒士中長史俱懷安趙昂訓導古田鄭崇

序之子陳鐸訓導林則明教授陳德隆儒士中教諭以上長樂

張偙子初之子教諭林治運判俱建江高應教授羅源林祝

訓導林堉丙戌進士御史蔡傑教諭戴睿庚辰進士

知府林孟喬儒士中丁丑進士戶部郎中以上福清

建寧雷溫　鄒員　范榮俱知縣以上府學　楊瑛第一人

庚辰進士改庶吉士曹欽之變遇害贈翰林編修　袁朗俱建安

泉州黃恭府學　林秀教諭晉江　吳琛訓導惠安

漳州陳讓第四人　戴和左都督府都事　胡瑩知縣　陳耀

己丑進士行人　蔡靖知縣以上府學　王豫知縣　林同庚

辰進士江西參議　宋球通判以上龍溪　鄭普鎮海衛學

汀州鄒以倫知分水縣致仕清流

延平徐敏光祿寺丞將樂　朱旭尤溪

邵武李富知縣府李

興化陳紀教諭陳岳道潛之孫丙戌進士主事方朝宗

丁丑進士戶部郎中彭韶丁丑進士有傳黃綸韶之子教

授黃洙隆生之孫訓導林渶時望之子通判丘諒知縣方繹

教諭林載文之子中書舍人陳克仁黃緒俱訓導以上府李

林橙訓導許純雅教諭方寬教授張同知縣鄭欽教諭陳

鼎中之孫教諭丙戌進士四川參議張洽丁丑進士知府

周款仁宋叔昭訓導許文著教授吳琦任之孫訓導劉

學滋教諭三人儒士中以上莆田黃庸訓導平海

天順三年己卯
福州陳子皐景星之子第四人教諭林泮銑之子第五人壬辰
進士有傳何湜國子學錄事母鄭聞母病辭官歸養以孝吳伯瑄
懷之子有傳張濬有傳陳曄教諭李廷詔教諭高圭同之孫州
判林坤知州李損忠之子推官郭清教諭王釗通判陳溫
訓導王鑛訓導以上府李陳中訓導李廷美廷詔之弟庚辰
進士蘇州知府羅玄錫繹之子教諭葉公大儒士中庚辰
進士主事鄭文鑰理劍之子儒士中教諭李尚達儒士中
癸未進士辛官僉事先知桃源天長二縣有去思林廷庸廣東中

丙戌進士性篤孝令肥城雎寧有惠政父病免歸以上閩縣陳緼教諭
陳綸晶之子教諭俱侯官人鄭瑚陳鑾學正王佐鄒平教諭以子
昂贈都御史兩歷教職作人為多善與人交同輩稱其直諒以上懷安
莊嚴教諭古田鄭文述訓導閩清陳維裕庚辰進士為御
史有風裁林明德陳光祿教諭馬叔文同知黃注陳
養德俱教授謝炫李釭教諭以上長樂林崧教諭連江陳璜
教諭林域知縣項澄庚辰進士溫州知府以上福清
建寧楊仕儆州同楊仕偉仕儆之弟乙未進士兵部
主事坐事左遷通判俱府學徐鋐戶部郎中甌寧趙文長史建陽暨文

崇安姜瑛當陽知縣有去思壽寧
泉州李汝嘉甲申進士浙江參政致仕先知衢州府有声陳
瓌俱府李崔琦訓導晉江傅凱南安戊戌進士戶部郎中謝
寧惠安丙戌進士令江陰有惠政刑部主事卒官
漳州蕭璹癸未進士給事中謫州判沈源癸未進士
御史董安己丑進士知縣翁輝知縣顏拳教授以上龍溪趙
超傳士漳浦謝炫知縣長泰
汀州王秉昌李正長汀丘弘第三人甲申進士在諫垣有
建白遷都給事中奉使琉球未至卒羅懿俱上杭雷琁同知清流

延平朱顯胡啓俱南平

邵武余志建寧貢應天中甲申進士知府

興化楊琅第一人甲申進士有傳黃仲昭丙戌進

士林大猷有傳勤之孫國子丞周軫壬辰會試第三人

進士戶部郎中黃師貢長史鄭焯教諭姚綿教諭吳希賢

甲申進士有傳方臨教諭宋三瞻雍之子教諭鄭淮甲

申進士林時厚教諭以上府李李仁傑煥之子第三人壬辰

進士第三人翰林編修陳華玉知縣蔡添美更名元瑛己

丑進士工部員外鄭大江陳謙俱教諭林正丙戌進

士有傳鄭瓚吳清教諭黄璉丙戌進士有傳丘山丙戌進士貴州副使陳傳林鑣吳宏容甲申進士教諭二人儒士中以上莆田人鄭珪鄭純訓導仙遊

天順六年壬午

福州王俊丙戌會試第四人進士有傳姚忠業徽鄭璲閩之孫王奎四人俱教諭鄭觀塾之孫甲申進士湖廣參議以寔厚聞廖誠汝城教諭五十解官子孫相繼登科第王祿澤之孫英之子壬辰進士會試第二人光祿少卿張寶教諭胡翺官瑄伯齊之子訓導張堅知縣以上府學黄政李正車誠

楊成甲申進士知府趙綱知縣丘英教諭藍昌李正鄭
克昭瑩之孫理之子乙未進士南雄知府詹景弘儒士中以上閩
縣人許寶第四人程剛訓導袁昌陳端訓導曾儀方莊
儒士中劉進宗順天中以上侯官吳信知縣王弼浩之子林
玠嚴賀煜之子邵濟湖廣中以上懷安鄭文欽理劇之子教諭
閩清陳潭李之子丙戌進士浙江叅議鄭昊甲辰進士
戶部郎中郭宗翰知縣林彥明李明聰教諭陳德成知縣
陳階教諭以上長樂張境戊戌進士知縣鄭鋹林璣以上
永福林清壬辰進士知縣鄭昭教授張轂己丑進士

廣東僉事韓鏞丙戌進士陝西參政項潭教諭以上福清

建寧陳琦府李雷鴻訓導以文行稱吳真俱建安

泉州包文第二人府李丙戌進士戶部員外晉江張賢

漳州余琁第五人楊忱太常典簿馬龍訓導以推官上涂慶

府李蘇鏸龍溪戊戌進士長史許宗通判長汀李榮南靖

延平官棨沙縣甲申進士

興化許伯清教諭林澗樾之子教諭宋汝勤勸之子助教

吳禮教諭彭鏦工部郎中改知州張文淵勉之子教諭陳音

甲申進士有傳余康丙戌進士都督府都事方榮知縣

林仲壁同知黃銅教諭陳按甲申進士南給事中林
杶同知洪忠教諭以上府斈林鈁第二人同知余祈繁丙戌
進士陳叔勉教諭黃鐸官之孫乙未進士刑部主事林
廷榮紀善周登教諭林堂教授林孟和瑄之子丙戌進
士主事調通判鄭師烈挈壺正顧宗美訓導李元鎮已
丑進士廣東僉事黃綱教諭洪溥應天知縣中黃初第一人
朱文環丙戌進士江西參議陳綱三人儒士中以上莆田人鄭
寬仙遊吳烈教諭平海

成化元年乙酉

福州鄧焯壬辰進士雲南參議林謚孟畀陳立知縣
葉明王澧教諭裴俊孫森復姓馬累贈戶部尚書宋宣乙未
進士有傳以上府學陳士顯第二人陳定光之子訓導李煒
壬辰進士有傳黃寯丙戌進士有傳林謹夫淵之子
甲辰進士三府同知著述甚富嘗纂修府志未克成書葉琚教諭蔡
肅己丑進士貴州僉事陳紀己丑進士有傳陳華張
源清學正陳烜貢應天中以上閩縣陳塤國子博士翁晏順天中
丙戌進士廣東副使姚珏林堅俱訓導林瑭玠之弟儒士中
辛丑進士提學御史有時名以上侯官鄭應藍通通判姚倬

儒士中教諭以上懷安陳金古田謝文澧教授高必銳教諭俱長樂呂繼和教諭陳賓隆之亍儒士中俱連江王馭訓導陳鑑

己丑進士主事李潤儒士中教諭以上福清

建寧江沂應天中丙戌進士四川副使趙欽教諭俱府斈

謝諫長史致仕吳文元丙戌進士河南按察使致仕先為御史有声俱甌寧蕭泗同知建陽

泉州趙珪第一人丙戌進士有傳黃淵俱府學莊璿第一人晉江蔣鏞南安莊政通判惠安

漳州林謙魏富丙戌進士浙江副使陳順李正以上府斈

李寶龍溪周仁知州吳環儒士中己丑進士雲南布政林
表己丑進士知府以漳浦林嵣南靖
汀州王淮長汀
延平吳珙壬辰進士戶部主事南平人
興化吳仲珠第三人己未進士義烏令有文名林和己
丑進士知府楊義瑛之子知州曾瑶助教陳元剛教授劉
正隆蔡信黃喬孟劉景輝翁槐五人俱教授鄭憲
林祥教授陳懋源乙未進士刑部郎中常福通政司經歷以
上府學鄭思亨第五人訓導朱弘紀陳鏕許廷齊三人

並教諭葉琳知縣陳良教諭柯燉李元知縣林講知州陳
叔疇教諭吳世騰戊戌進士太僕寺丞陳裕壬辰進
士知縣方廷章許珀俱正李鄭廉同知陳純訓導方岳
海之孫己丑進士御史陳麟祥訓導林體英方珪己
丑進士庶吉士御史士黃銓林光甫上六人儒士中以上莆田
福寧王淮甲辰進士
成化四年戊子
福州周熊第四人己丑進士刑部員外諸子登科葉亨第立
人己丑進士知府鄭炯己丑進士廣東參政左遷知府

林璿戊戌進士有傳陳明孫之子建訓導鄭宏余
瀛俱教諭以上府李林堅伴讀郭珙崇之孫乙未進士戶部
主事令貴溪秀水有惠政鄭琳象山知縣有執持雖貴勢不可撓陳
珪戊戌會試第三人進士御史僉事二子甲科至大官薛
誼教授林世珍爚之子林濬淵錢之子與兄沣同登壬辰進
士有傳林世龍士淵之子同知黃賜同知鄧理教諭崔恭永之
弟教授楊儀訓導以上閩縣葉鑑州判翁玉知縣陳準陳淵
訓導何俊儒士中以上侯官陳崇戊戌進士有傳潘昱游
興壬辰進士知府劉武教授申屠達貢應天中以上懷安

姚志仁教諭章樓俱閩縣林昌本復姓陳陳漢昌知縣丁銓教諭陳遜良訓導陳則安教授劉則和戊戌進士刑部主事陳維新訓導以上長樂李汝潔知縣永福林樞己丑進士知府方漢教諭楊廷用國子博士林綱儒士中斈正以上福清縣

建寧滕祐府斈甲辰進士事維母以孝聞為御史有風力

泉州趙欽教授莊恭己丑進士江西副使俱府斈

漳州陳奕黃熒壬辰進士御史俱府斈吳超戊戌進士廣西叅議吳震提斈陳奐乙未進士貴州叅議許潛

有傳以上漳浦

汀州王昊府斈貢順天中李楫上杭乙未進士

延平曾拱辰府斈壬辰進士知縣廖中順天貢應天中乙

未進士有傳

邵武朱欽府斈壬辰進士有傳

興化謝宜善第二人宋愷乙未進士刑部郎中趙文

仲紹獻之孫教諭陳察珪之子教諭林釗文之孫黃曰矩朝章

之子斈正史欽教授廖德徵乙丑進士廣東僉事鄭繼賴

瓚俱教諭周公安斈正楊元慈之孫教諭陳鯉應天中己

丑進士（戶科給事中）林源（以上有學）黃榮壬辰進士（浙江）僉事李長源（教諭）方彬壬辰進士（主事）林謙方文楴俱訓導宋嶽壬辰進士、吳詠（教授）吳瑛（通判）黃文琳第一人戊戌進士林瑱（學正）高昂壬辰進士（知州）朱悌戊戌進士（南道御史）陳則孔（教諭）黃萬碩（訓導六人俱儒士中以上莆田）曾琮（仙遊）吳玉榮壬辰進士（御史）林本從（俱平海衛）

福寧林著陳寓（和之子）已丑進士（有傳）左濬（訓導以上寧德人）

成化七年辛卯
福州林璧壬辰進士廣東布政涖政以寬黃湜教授薛滿
斈録李俊紀善林良教授陳焯叔紹之子陳棻知縣陳張
強滿壬辰進士叅政林筌碩之孫以上府斈陳齊知縣劉
宣訓導董宗道秀之子教授謝增王陞吳偉倶教授李
廷儀第五人庚戌進士南安府同知為人坦夷不修邊幅私謚夷穆
董宗成宗道之弟黃克敬訓導朱麟麒之弟通判郭子聲
張孔潔儒士中以上閩縣危澄斈正曾瑞知縣李源教諭林

琳廷器之弟馬慶州同趙明第四人乙未進士兵部主事余寬儒士中戊戌進士戶部員外以上侯官丘策有傳陳克震儒士中慈溪訓導課士有声官終長史以上懷安王有恬乙未進士有傳陳景隆乙未進士有傳林時潤戊戌進士国子博士石璧甲辰進士知府梁行懿李正林節伴讀高繼文訓導王棠儒士中長史以上長樂林泙錦之子陳從儒碩之孫教諭俱連江張滿訓導羅源林壂壂之弟永福戊戌進士貴州叅議周信戊戌進士廣西僉事王拱辰儒士中南康教諭素精舉業年踰耳順猶勤于誨人俱福清

建寧黃輔教授建安 曾瑾通判浦城 林一寧長史政和

泉州王塤知縣晉江

漳州陳瑋訓導魏翔俱府學 顏亨教諭龍溪 蔣陽龍岩貢應

天中廣東經歷 蔡腆訓導長泰 陳懋 林惟聰俱南靖

汀州郭資上杭 乙未進士嘉興知縣有清操卒官御史至不能治喪

延平余庶第一人將樂

邵武寗堅縣學有傳 李夔建寧

興化黃穆齊之子第二人 丁未進士改庶吉士 鄭琳訓導 方

朝清知縣 方秉元 黃以禮 林文仁 李伯通 陳熊

乙未進士知縣楊清訓導許仁教諭陳聲遠郭紹教諭

以上府學黄節甫第三人戊戌進士行人方以順戴墀

柳照訓導林賔許邦瓚訓導戴日升潘偉教授鄭瑋

陳輪道潛之孫教諭黄盪啓睦之孫黄體興之子教授鄭欽乙

未進士知縣劉樂陽黄瑛訓導中以上六人莆田儒士周剛

教諭余琦乙未進士江西僉事徐孟溥教諭以上平海徐聰

安祖之孫順天中教授

成化十年甲午

福州劉璉教諭李菁貴之子王侃葉拯張槃第一人訓導

吳循以上府學張源潔第四人乙未進士江西僉事陳文
王戊戌進士知縣葉宗周教諭郭雍學正倪珏辛丑
進士浙江參議子孫登科鄭璠閩之孫儒士中戊戌進士任文
遜順天中乙未進士知府以上閩縣許坦第三人戊戌進
士大理知府致仕歷官欽達看声子孫登科蘇鏞訓導陳宗知縣以上
侯官任壐學正鄭珙教授薛文旭國子學正以上懷安劉玥教諭
陳倪學正俱閩清陳崇德辛丑進士有傳謝文著知府
陳宗泰教諭以上長樂鄭堪教諭陳彥修儒士中知縣俱連江
林鐸知府永福吳華教諭福清

建寧雷士旂乙未進士有傳葉華通判俱府事氾滋
知縣彭程辛丑進士宣府兵備僉事俱甌寧彭崑丁未
進士知州崇安林奇知縣劉忠順天中推官俱浦城
泉州李信知縣李聰庚戌進士長史俱府事林廸晉江
周源同安戊戌進士有傳陳賡惠安丁未進士貴州叅政
致仕歷官中外有声吳禮永春事晉江人
漳州曾瑛鄭發教諭林儉知州以上府事戴昫知縣葉儀
知縣俱長泰
汀州陳壽知縣府事馮森教諭歸化

延平袁寶（府斈）王福李鳳翱（應天中俱南平）
邵武崔中（知縣府斈）江福（推官泰寧）
興化黃乾亨（瀾之子第一人）乙未進士（行人使滿喇加溺死贈司
副蔭一子入太斈）林準乙永進士（有傳）宋端儀（汝勤之子）
辛丑進士（有傳）方永鄭漸（教諭）陳璟翁端（福之孫教諭）
翁巖辛丑進士王朝器戊戌進士（知縣）陳瑞（教諭）
程禮黃芳（訓導）吳鑑卓榕（教諭）顧叔龍（孟喬之子）林華
宋世增（忠之孫教諭）陳邦瑞戊戌進士（庶吉士）林元
甫乙未進士（有傳以上府斈）吳昭（陽保之孫第二人）戊戌進

士工部主事吳黍俞釗吳希達三人教諭林選黃紀李正

彭甫辛丑進士有傳吳講王原雍教諭鄭徽立之子

李敬甫教諭林沂榮之子辛丑進士主事朱蟠教諭李

德美戊戌進士廣西僉事三人儒士中以上莆田人陳行教諭楊

芨璜之子散俱仙遊吳穀乙未進士知縣吳球戊戌進士

南道御史俱平海

福寧崔昌教諭寧德

成化十三年丁酉

福州林鶴碩之孫第五人辛丑進士知縣馬成李正林昊

辛丑進士（禮部主事）戴同甲辰進士（知縣）王文規張
懋（有傳）陳文淵（教諭）郭文旭辛丑進士（知縣）鄭蘊中
（塾之孫 有傳）蔡禹（儒士中教諭 以上閩縣）王迪（第四人）丁未進
士（浙江運副）周冕（李正）黃克守辛丑進士（知縣以 上侯官）林
鑽（璟之 子）辛丑進士（貴州參議 急流勇退）劉琮甲辰進士
（戶部郎中）徐英（通判）康彬（貢應天中 以上懷安）鄭鈍（長史 古田）高伯
齡（知縣）鄭孔明（知州）莊礼（東莞教授精于經李 訓迪不怠以上長樂）趙
學（教授 連江）林深（教諭 羅源）張烜辛丑進士（御史）林鷟教
汝堂鄭拱（李正以 上福清）

建寧黃奎同知建安張瓛浦城人應天中同知
泉州李雍癸丑進士廣東參政楊振俱府李黃正
晉江胡詢南安甲辰進士員外
漳州顏櫝黃貞通判吳玭庚戌進士有傳以上府李黃
亮林晏俱龍溪徐瑺同知陳杰吳泰二人甲辰進士
趙渾超之子辛丑進士雷州知府以上漳浦黃文中龍岩
汀州葉元玉辛丑進士知府賴世傳甲辰進士
行人俱清流童璽知府建城
延平鄭賢府李余泰知縣將樂陳隆永安蘇信永安貢應天中

高攀敏之子通判許鯤教諭以上府学張壇高顒黃霆陳
清以上龍溪丘俊應天中知縣沈章知縣漳浦俱張表王麟
俱靖南陳玉振教諭漳平
邵武孔經府学辛丑進士主事
興化方憲第二人庚戌進士知縣鄭瑗儀和之子第三人
辛丑進士南京礼部郎中黃秀穆之弟陳爔林典憲之
子俱教諭方珊張宜珍辛丑進士知縣方璋甲辰進
士林俊宗之孫戊戌進士有傳梁璋教諭余一正鄭
朝馨教諭程樂吳溱儼之孫教諭方惟翰教諭陳員黃

縉教諭方景淵訓導李仁教諭以上府學游儒教諭黃文璋

徐良珠陳鍾俱教諭鄭育師陳之孫林邦輝知縣彭景

丁未進士朱璀丁襄陳文三人教諭黃燮鄭敏李

文獻蕭玉三人教諭陳暹以上八人莆田儒士中阮韜仙遊

成化十六年庚子

福州陳元成第三人知縣莊宥第五人辛丑進士主事

葉烶丁未進士黃世昭維絢之子知縣陳敬訓導林

庭桂元美之孫瀚之子以嗣子煬贈都督府都事陳欽程世定

俱教諭鄭世澤貞仲之玄孫琮之曾孫憲之孫範之子以上府學陳憲

戊戌進士主事張琦　樊廷選辛丑進士復姓林有傳

鄭時佐塾之曾孫必顯之子汝寧同知　王問佐之子辛丑

進士有傳以上府孝　林廣府吏中教諭　林時中第四人　王士

奇　楊域訓導　吳世禎　唐以成　劉芳戊戌進士南寧

知府二人廣東中以上俱閩縣人　陳仲堅知州先麗水令著績　吳鏘甲

辰進士知縣　謝奎同知　林寔澤之子教諭以上侯官　林文振

林茂堅加與府同知清戎任導水利俱著績　翁文澤知縣　王定

晏瑄[illegible]三三進士[illegible]以上懷安　楊禔知縣　孫鎬

俱閩清　林則方戊戌進士行人　林德陞通判　林元立

教諭黄世忠汪之子有傳林章儒士中教諭以工長樂林彦學

林智俱教諭連江陳義辛丑進士主事黄珏教諭林經

署正以上福清

建寧楊晃棠之曾孫更名亘南京户部郎中進太僕少卿致仕徐鍵

丁未進士知府葉忠唐洎以上府李童琦甌寧蕭鋭

建陽貢應天中

泉州蔡清第一人晋江甲良進士有傳陳暐教諭安溪楊

渤晋江楊澄通判德化

漳州張松何乾張綽癸丑進士刑部郎中陳鵠紀善

癸丑進士知縣

邵武梁嵩教諭泰寧

興化蔡大宣第二人高俊教諭蔣文利有傳鄭中孚

教諭陳世顯恩之子周傑張瑞丁未進士黃士

英鄭光輿張璉陳琄教諭中癸丑進士御史程琮

教諭林堪洪之曾孫辛丑進士陳倫教諭翁溎惟用之子林

哲甫以上府學吳稜第一人黃華甲辰進士僉事方山

瀨之孫黃憲教諭鄭師梛熈黃瀾癸丑進士侍讀周

進隆甲辰進士推官林文昌李璜教諭吳鵬教諭癸

丑進士知縣丘天祐辛丑進士知縣林英甫洪幼愚教諭三人儒士中以上莆田張澤陳元俱教諭余徵文之子丁未進士以上平海

福寧林琦有傳林文孟應天中有傳俱州李林初李正寧德

成化十九年癸卯

福州鄭復第三人鄭珪同之子第四人教諭曾崧何顕混之子丁未進士貴州參政鄭琅長史林玘王仕輝通之曾孫

高文達昇之子癸丑進士有傳潘常通判姚継銑之孫

甲辰進士推官王泳知縣陳熺癸丑進士鄭坤教諭

林克洪知縣陳晋暉之子林佺癸丑進士知縣張瀚
教諭吳文生惠之子教諭以上府斈張澤第五人甲辰進士
廣東僉事吳源大遂昌知縣有政績陳日章林煥甲辰進士淮安
運副林世瑞知縣陳文僑斈正吳叔和縣丞張彬聰之曾孫
瑜之孫純之子斈正程士儒士中教諭孟鑛廣西中第四人以上閩縣
魏廷器教授鄭昇長史曾璀黃清貢應天中教授林廷玉
芝之子陝西中第一人甲辰進士有傳以上侯官唐選儀之子教諭懷
安鄭仲達通判閩清鄭錫文癸丑進士有傳陳時憲
則安之子癸丑進士四川僉事高德選教諭以上長樂陳謙光

陳寵隆之子歐信順天中甲辰進士以上連江黃潼貢應
天中知縣羅源林注教諭永福林秉淵知縣林文成俱福清
建寧楊旦榮之曾孫庚戌進士有傳楊昉通判楊崇廣東
僉事俱府學倪域王良佐
泉州徐珙張旺蔣原道推官以上府學留芳通判以子志泳
封刑部郎中林琚紀善謝洞教諭俱晉江莊熙知縣永春洪敏
助教張定庚戌進士山東參議俱同安
漳州謝傑丙辰進士知泰州有善政終南雄府同知蔡杲庶吉
士曾逸二人丁未進士以上府學陳瓚龍溪程貴陳

維知縣俱漳浦　陳佐南靖

汀州鍾文俊癸丑進士湖廣參政致仕歷官有声長汀　劉世

寬宗之子同知清流

延平曾侗知州沙縣

邵武羅紳推官府李　吳綱建寧　庚戌進士主事

興化陳仁第一人　丁未進士　丘汝亨　姚鳴和

甲辰進士主事　歐泰　丁未進士知縣　曾發教諭　丘泰

教諭　丙辰進士知府　周瓚　黃太中朝璋之孫　吳琯　李有

嘉鄭寶　余雲龍康之子　宋時著教諭　黃秩　林長繁

丁未進士推官彭濬韶之子廖絅教諭周梯以上府學陳晦統之子丁未進士林道亢林德贇教諭方璘寬之子癸丑進士雲南布政使陳愈陳士元訓導林宗重教諭朱泰訓導朱文魁教諭四人儒士中以上莆田鄭廓用大江之子教諭平海人福寧康盛福安

成化二十二年丙午

福州吳汭高顒俱教諭鄭炤丁未進士庶吉士南雄知府諸孫登第林垐子鉞登科宋世用朱定教諭以上府學謝瀚

暦之子丁未進士主事葉壬美知蘄州禦宼有功城頼以全陳

墀叔剛之孫乙丑進士歴貴州副使先令東莞有声張昰教授

許顗鄭冉瑛之曾孫俱教諭趙文元学正林文琛廷庸之子

知州張經聰之曾孫瑜之孫助教葉堅貢應天中訓導以上閩縣蔣昂

文之孫学正姚鏘曾基訓導以上侯官朱麒第五人教諭廖雲

騰誠之子庚戌進士刑部郎中鄭積中審理陳尚達学正

阮時懋有傳以上懷安謝鐸瑀之子閩清通判謝廷桂士元

之子己未進士有傳林世銘户部司務林則裕教諭黃子

敏知縣翁壬荣訓導林衷知連江縣俱林朝材林賢知縣

敖瑀旦之孫敖諭以上福清
建寧童欽府斈應天中推官張秀甌寧丙辰進士戶部郎中
袁銛知縣建陽業鎮教授松溪
泉州林頫第三人教授石宗教諭鄭賢黃銘癸丑進士主事趙琦庚戌進士戶部郎中鄭奎教諭王鍭丙辰進士知府以上府斈蕭存教授莊榮教諭田嵓癸丑進士有傳以上晉江林粲第一人國子監丞同安張經莊鵬俱教諭陳
昇知州以上惠安
漳州鄭訥黃沂丙辰進士教授林琰林富以上府斈

顏寔龍溪徐輔漳浦陳晃龍岩陳珠鎮海衛斈莆田人
汀州賴從善康之子教諭清流林華長史歷官有志操連城
延平林文璧長樂人尤溪中
興化方良節第三人庚戌進士附兄良永傳林夔大猷
之子庚戌進士戶部員外藍璧陳嘉謨教諭陳彰翁
戊南癸丑進士廣東布政使李濬教諭藍應丁未進
士陳日漸讚之子陳允諧曾瑛以上府斈洪創
方讓鄭嘉祐循初之子斈正黃乾仁海門教諭列名宦楊
鐸庚戌進士知府鄭庠教諭崔儀第二人庚戌進士

王鑾教諭林汝明　楊文明瑛之孫訓導林光重吳天與吳教七人儒士中以上莆田陳茂烈興化丙辰進士有傳林貫鄭義俱訓導　林華以上平海

福寧林資福安

弘治二年己酉科

福州府傅昂第一人，吉水知縣，有時名，嘗以學諭同王文成主試山東，後序甚佳　鄭汝美第四人　癸丑進士，戶部郎中　陳宗大簪之子，第五人，教諭　邵文忠知縣　何岡滉之子，知州　吳文淵知縣　袁昇教諭　林世瑞學正　王康善之孫　何澄俊之子，知縣　蔡祐教諭　林允大　葉性同知　許天錫癸丑進士，有傳　鄭元褒　何維高滉之子，俱教諭　林亨癸丑進士　林孔潔教諭，以上府學　葉舉徽之子　林文奎淳之子，同知　趙宏教諭　林璋渭之孫　癸丑進士，評事，以上閩縣　黃澤　潘巒　李恕三人教諭　潘璋訓導　黃惟棻知縣　鄭濟洪之孫，知州，俱侯官

林瑛訓導林偉同知先任御史陳皇文升之子薛文旭知縣陳明史中復姓

周州同以上俱懷安羅榮古田庚戌進士有傳林鶚姚澄同知俱閩清

戴廷學李邦傑俱教諭長樂楊公榮癸丑進士陳爾塱

州同陳儉知縣陳元憲有傳以上連江劉潤教諭福清

建寧黃湰仲芳之子知縣甌寧

泉州蔡仲角教諭府學朱淡理問晉江傅智教諭同知

漳州吳守正陳謨俱知縣府學陳琛乙丑進士評事王

耀通判長泰

汀州楊漢訓導後襲指揮鍾文俊癸丑進士湖廣參政致仕有時名俱長汀

延平黃鐘卒官寧波通判以清名沙縣 馮維順昌人應天中知縣

邵武余師通判建寧

興化鄭釗第三人教諭 黃顒載之孫 庚戌進士廣東叅政 方瑛助教 章文渴教諭 鄭鍾 謝愷知州 鄭岳癸丑進士有傳 方珙秉元之子知州 黃門 顏常祖之孫教授 丘譓 陳汝秀 部紀教諭 卓文徽 林濟獻之孫知縣以上府學 陳伯獻第一人 己未進士提學副使 黃銘知縣 黃相 丙辰進士知府 陳譓 山知縣 謝復審理 方良永 庚戌進士有傳 康蔡通判 陳大咸訓導 方文敏榮之子訓導 彭申通判 陳邦器 己未進士雲南副使

吳明通通判黃輝知縣林大霖知州李天明正之子伴讀黃

香教諭以上莆田鄭京訓導興化劉朝興知州鄭疊夏之孫應天中教授鄭

宗以上平海

弘治五年壬子科

福州府張諧純之子第三人壬戌進士知縣卓瑀教諭李文

顯通判趙紋鄭濬壬戌進士知府姚昊癸丑進士

叅議何繼周滉之子同知以上府學王積中第五人教授林鵬知縣戴歆

昂之子壬戌進士副使陳護廣東中以上閩縣曾文煥儀之子知縣

張洪教授傅顯武岡知州有聲居家孝友鄉評重之陳廷用教授黃澍鎬之子官

生順天中知州以上俱官王介鏜之子第四人有傳魏濱通判廖雲翔誠之子有傳鄭元吉教諭林琦順天中己未進士布政使以上懷安戴仁溥天錫之子訓導林文材知州陳謹德隆之子同知黃公甫監利教諭講肄不怠官終長史謝廷秀知縣以上長樂林宜祥樞之子陳彥鋹通判俱福清

建寧朱陞戶部員外楊麟知縣俱府學范嵩澄之子甌寧壬戌進士南工部侍郎丘魁知縣浦城熊熙翁源訓導孝義有聞虞全衢山知縣有声俱建寧

泉州諸葛駿教諭陳珪陳腆癸丑進士知府林仕俊教諭李源乙丑進士尚寶少卿黃鐷癸丑進士知府以上府學武寧教諭傅浚己未進士運同俱南安葉湯知縣同安張

綸知縣以孫岳贈副都御史惠安林真德化陳興仁教諭安溪

漳州蔡定訓導石腆己未進士俱府學顏槃稍府經歷龍溪

林玭長史陳知己未進士有傳俱龍巖林文煥己未進士有傳漳浦張璘訓導鎮海

汀州梁喬上杭壬戌進士知府雷衡同知雷世鳴知縣俱清流

延平吳從周知縣府學伍聰訥之孫將樂謝臻通判沙縣

邵武宋浩府學

興化張廷槐壬戌進士知縣李汝和學正楊渤知州

滿宣長史林紹宗棣之孫知縣吳琬陳舉晉之子林有年

有傳林文集坦之孫通判陳華戊辰進士林照瑄之子俱府學

陳琳第二人丙辰進士有傳黃守濂同知方玘通判張

乾教諭林禋知縣顧惟質通判陳瓚同知吳珍林鎡俱教授

吳彰德僉事林康同知楊日宗長史以上府學林有祿有之兄附傳

陳世傑教授方嶠澥之子知縣三人莆田儒士中高江昂之子癸丑進

士有傳仙遊陳篪知縣林琛訓導陳珽知縣以上平海

福寧林應麟州學林文迪著之子第一人乙丑進士給事

中寧德人

弘治八年乙卯科

福州府林克潤（知縣）張海（璨之子同知）林庭㭿（瀚之子）

乙未會試第五人進士（有傳）陳宗興李良卿（俱教諭）

孟嵩（玘之子同知）潘文英劉孔清（俱教諭）曹棫（教授以上府學）

林文韶（訓導）陳世高（儒士中教諭）梁楠（訓導浙江中）孟鐸（廣西）

（中以上閩縣人）王士昭（第五人）丙辰進士（叅政）黃榜谷洪

林文瓚（玠之子）乙丑進士（叅議以上侯官）陳鏷（通判）莫欽

（經歷）丁廷舉（儒士中學正以上懷安）張文造（有傳）古田蕭宗瀛

（閩清學第四人寧波教諭連坐）陳讓（德隆之子知縣）陳秋鴻（俞之孫通判）

莊文玄（教授）陳文試丙辰進士（有傳）陳敬躋（教諭以上）

長樂林錞知連江縣張叔厚推官張克濟推官俱永福人侯文
標推官黃泗林信俱知縣林溥國子博士以上福清
建寧楊易府學戊辰進士副使滕霄順天中壬戌進
士改庶吉士歷洗馬預纂修
泉州吳璽知縣顧珀己未進士有傳俱府學洪聰第一人
壬戌進士知府莊科知府李貫壬戌進士都給事中曰
崑有傳林城儒士中丙辰進士知府以上晉江黃璣知縣黃
河清壬戌進士通政俱南安呂川知縣林馥順天中甲
戌進士主事俱同安

漳州陳甦同知洪異有傳陳文祥蘇霽知縣以上府學王
驤源之孫龍岩黃元教諭長泰杜表有傳南靖
汀州王傑府學謝謨文寶之子連城人應天中
延平黃清鏴之子府學陳一言
興化宋元翰端儀之子第一人知縣徐大用第二人同知李
廷梧己未進士有傳許効忠教諭黃文雍教授楊鳳
教諭陳文淮學正柯英己未進士知府林奎共之曾孫知州
林渠文之曾孫良史朱子芳訓導林侃通判吳希由己未
進士四川副使林禧知州林汝韶軫之子知縣翁璣世用之孫

知縣鄭敏飾學正林希範劉之子黃文鸑知縣以上府學徐

元稔壬戌進士兵部郎中李應舉學正林符教諭彭昆

徐洛學正李恭教諭黃汝顯知縣陳曰淑通判劉琳教諭

以上莆田黃元和泰之子助教宋子宣同知余經訓導李純

戊辰進士游昂知縣吳中孚宋斌學正陳汝玉訓導

八人莆田儒士

弘治十一年戊午

福州府金文明璧之孫第四人教授周武張槼純之子知縣

繆仲輝通判林堂通判陳亨教諭王璉方洪俱知縣以上俱府學

李寔烽之子通判龔澤提李書梅椷之弟知縣黃文肴垍之子

李廷詔通判林烶壬戌進士知府阮仲義同知朱文

昌儒士中以上閩縣林士元時中之子第一人學正鄭閭長史秦

行徤知縣以上侯官陳銑閩清乙丑進士知州謝廷瑞第三人

壬戌進士知府楊維甫知縣陳天然教諭陳用賢崇德

之子知縣林正教授陳球儒士中教授以上長樂林行簡教諭連江

林廷模元英之孫潮州府同知知永福

建寧魏浚同知楊昉通判楊崇僉事以上府學倪域建安王

良佐政和

泉州賴鳳戊辰進士僉事張雲龍通判俱府學鄭良佐己未進士知府武尚文寧之子復姓陳戊辰進士知縣陳寧壬戌進士知縣留志淑彥之子乙丑進士有傳蔡有長陳楨儒士中以上晉江陳禹昌教授黃天錫知縣黃天爵己未進士副使俱南安陳華玖同安劉春安溪

漳州袁佐明之子府學知縣黃正龍溪王謚知縣漳浦戴文祚南靖

汀州胡一中郝鳳升辛未進士大理寺副俱府學李

堅長汀乙丑進士有傳溫明推官周輅知縣俱上杭李盈
訓導賴守正俱永定
延平陳邦彥第五人知縣黃相教諭蕭韶郎中李時修
應天中推官以上南平人
邵武危行府李壬戌進士御史余相建寧
興化林季瓊己未進士御史夏泰和林富彌寧之孫
壬戌進士有傳陳大謨教諭陳文滔己未進士僉事
黃希英乙丑進士運使陳九疇嘉謨之子知縣以上府學方
以嘉第二人知縣黃科長史林茂達壬戌進士有傳鄭

大有知縣方溶臨之子陳世昭教授林昇教諭以上莆田方

師禹熙孫之黃瑀知縣崔耀教諭林公正通判林琨長史

余朝教諭方宜賢知縣周爈陳餘馨通判九人莆田儒士李

羆已未進士御史阮鑑教授吳景讓應天中教諭以上仙遊

福寧杜子新知縣鄭師教諭俱州李龔道寧德

弘治十四年辛酉

福州鄭伯和亮之孫第五人有傳郭懿子声之子訓導羅惟遠

學正以子一鷟贈知府鄭鵬教授文翰有名張瀚教諭以上府學張天

顕濬之子第四人教授陳塤焯之子洪晅英之孫知縣贈郎中二子顕名

莊世瑞教授林熺碩之曾孫教諭陳桂學正張燮林之子儒士中
第一人授知縣尋辛孟鎮廣西中以上閩縣王德廣徽之曾孫知州
陳德懋淮之子教諭孫淵知縣以上侯官陳勃崇之子知縣陳
垐紀善俱懷安葉文浩鋌之子知州姚世棨知州俱閩清陳
言乙丑進士僉事高墬伯齡之子府傳陳玉順天中壬戌
進士知府以上長樂林通逵庸之子永福戊辰進士郎中
泉州王忠林潮乙丑進士御史董灌壬戌進士
員外林同教授張元璽玨之子同知粘燦御史蔡祐教授
王栢教授以上府學丁儀乙丑進士僉事黃瑗乙丑進

士有傳蔡慶璜黃泰知縣以上晉江張顒壬戌進士給事
林輅知縣吳聰三人晉江儒士黃春通判謝平知縣惠安俱詹
源安溪乙丑進士雲南副使張宜同安人順天中知縣
建寧楊邁謝龍長史俱府學唐汶教授甌寧
漳州林魁壬戌進士有傳盧瑛陳一中訓導以上府學
吳法知州龍溪吳瑄森之子詹惠戊辰進士御史林容
吳夢麒順天中以上漳浦
延平陳璵沙縣貢應天中通判
汀州孔庭訓同知永定

興化黃肯堂瀾之孫林塾弥宣之子壬戌進士參議陳珂知州黃光滔英之子知縣周宣球之子乙丑會試第三人進士有傳陳懋許球知縣俞應辰劉之子甲戌進士知府陳深推官馬思驄乙丑進士主事死宸濠難周大順余雲鵬知縣趙宣通判王鋏教諭俞慶雲知縣以上府李陳艮山第二人知縣林禎侃之子教諭程一嘉樂之子御史余瓚辛未進士太僕卿林近龍戊辰進士僉事許瀚壬戌進士參議王詳吳宗器陳俱知縣林大昇通判黃體行壬戌進士有傳朱儼壬戌進士御史

以上莆田黄鞏乙丑進士有傳戴大賔第三人戊辰會

試第二人進士第三人翰林編修神童蚤夭許効廉叅政

彭大治甫之子甲戌進士附傳趙神甫教授鄭三德

通判上六人莆田儒士黄濂恭之孫縣仙遊知劉伯善教諭平海宋

源莆田學元吏廣東中知縣周啓東湖廣中亨正平海

福寧林遂州亨甲戌進士有傳鄭世貴教諭寧德

弘治十七年甲子

福州林元禧第五人傅鼐郭鏻崇之曾孫知縣周朝佐

熊之子戊辰進士知府林汴知縣王公大士奇之子有傳林

英鄒德賢陳世用謝寶瀚之子上四人知縣曾文銓梁
鼎楠之子邵文恩貢順天中通敏和厚詞翰俱工由中書舍人累官尚寶卿
外遷運同辛年九十以上府學倪欽廷之子教諭陳天祥學正陳宗
超良弼之子教諭黃崇甘一夔李源廷儀之子通判陳達烓之子
乙丑進士有傳劉竑芳之子廣東中乙丑進士以上閩縣舒
釗第四人知縣廖儀章之孫推官鄭善夫乙丑進士有傳
姚汝忠珏之孫以上候官林子仁第二人陳則清第三人
丁丑進士有傳鄭行塾之曾孫乙丑進士御史陶綸教諭
余廷濟知縣邵廷瑗濟之子湖廣中進士詹永河南

中以上懷安　林榦同知閩清　陳贄教諭　林文沛復姓陳　丁丑

進士有傳　鄭宗仁吳之孫以上長樂　陳伯諒福清　戊辰進

士為御史督學兩畿有名擢四川提學副使未上卒

建寧張鳳　張鵬　辛未進士山東副使俱浦城　黃麒九江

推官有聲建陽　陳桓　辛未進士副使政和　滕遠建安人順天中　乙

丑進士

泉州王宣有傳　汪汾　莊貴陽俱知縣以上府學　葉寬　戊

辰進士叅政　林鉞　戊辰進士郎中　莊琦通判　余蒙教諭

黃寬知縣以上晉江　陳常道　戊辰進士評事　李深知縣二人

晋江儒士李煌同安張慎綸之子知縣以子岳贈副都御史惠安柯信
南安人應天中知縣
漳州王中知縣吳仕典戊辰進士俱府學吳元鄭
瀚知縣龍溪俱李旦辛未進士知縣曾琅嵩之子知州俱漳浦
韓珪知縣南靖
汀州梁仁永定舒綸
延平吳泰仙居教諭祀名宦陳福俱府學蕭歆甲戌進
士郎中吳臻順天中知州俱南平陳璵沙縣人應天中通判
邵武謝珂謝璠伴讀俱府學

興化黃如金乾亨之子第一人乙丑進士江西提學鄭玉辛未進士有傳郭清辛未進士主事藍渠丁丑進士郎中王大用戊辰進士有傳吳恕戊辰進士員外沈健辛未進士知府黃希濩知縣周正鄭敬道知縣楊大泰推官林世明知縣李孚先濬之子知州陳成則初之子教諭以上府學宋卿戊辰進士知府吳大田工部侍郎顧標乙丑進士同知吳文忠仲珠之子通判陳篁乙丑進士山東參議廖梯丁丑進士有傳黃待顯丁丑進士附傳陳傑戊辰進士有傳葉裕知縣以上俱莆田曹文有

深之子通判仙遊林文卿國子博士平海林馨紀善黃潛訓導張

慶葉珩丁丑進士布政四人莆田儒士歐亮順天中教諭

正德二年丁卯

福州高應禎旭之曾孫第二人辛巳進士郎中林文焯

第四人太平教諭李景元忠之子甲戌進士知府方希哲

推官王道立俊之子教諭蔡浩知州陳德知縣林良弼知縣

傅孟春昇之子鄭餘慶世澤之子有傳吳益夫教授文名

陳德本知縣以上府學林球學正王天與教諭黃塋儒士中教

諭以上閩縣黃豫通判王士和知州丘孟喬教諭陳世美

訓導王昇壽張教諭以子鉞贈主事以上俱係官黃鏗主事張孟敬

潛之子安言學正修郡志有勞林寬茂堅之子教諭朱晃貢順天中戊辰

進士員外以上懷安林汝舟第五人學正閩清鄭慶長樂己丑

進士叅議陳天錫戊辰進士復姓謝有傳李楚潤之子知

縣俱福清

建寧雷士檀長史謝純知州俱府學陳詞崇安

泉州張文應知縣楊孟洪長史林廷泰通判趙文嘉

蔡奇教諭莊希纘知縣蔡敬曾仲魁癸未進士知府

以上府學伍隆教諭王宗源辛未進士僉事林祐蔣孔

煬甲戌進士郎中以上晉江黃鉞張鳶傅檝俊之子辛

未進士有傳以上南安王綱吳蘊俱同安王奇橙知縣陳

熺知州陳煌知府以上惠安

漳州洪晳同知林清長史張觀同知林浩有傳以上府學鄭

慶通判龍溪許判潛之子同知陳烈辛未進士知縣俱漳浦

陳琯長泰

汀州李孟壽長汀周勲第三人辛未進士通判吳珂

知縣上杭俱賴希凱世傳之子通判清流

延平駱昇知縣府學廖元中之孫按察司經歷順昌蕭崑教諭將樂

林孜知縣永安陳貴九溪人順天中辛巳進士副使

邵武朱瀚知縣堯瑄通判府學俱

興化林文俊辛未進士有傳鄭瓚戊辰進士郎中

周⿰王全知縣鄭懋德辛未進士知府邢鵬教諭卓居傳

丁丑進士有傳丘茂楧山之子知縣陳瓛教諭姚永戊

辰進士光祿少卿黃希雍同知吳洲知縣陳克恭瑄之孫御史

張瀾王萬山鄭光琬參議府學以上周大謨甲戌

會試第二人進士李從龍通判郭端林以善知縣

鄭悰學正以上莆田林文幹教諭仙遊鄭主敬戊辰進士

主事陳朝贄教諭俱莆田儒士翁洪世資之子順天中辛未進士主事

正德五年庚午

福州趙德剛第三人辛未進士通判許繹坦之子己丑進士教授劉汝清教諭呂廷爵知縣張孟中澤之子辛未進士李官兵部郎中為主事嘗諫南巡廷杖鄭乾清琅之子知縣林文聰知縣黃綱教諭鄭伯楝通判鄭彬以上府學鄭朝美第五人訓導周朝倪熊之子會試第五人辛巳進士副使陳轍教諭張憲樂之子林孔目翰戴亢敔之子辛巳

進士有傳以上閩縣林春澤甲戌進士百有四歲知府宋邦

瑞宣之孫學正楊葦提舉林成辛巳進士通判以上侯官陳

瓚明之子教諭陳坡通判謝源辛未進士御史陳憲崇之孫

齊啟行教諭以上懷安高仕棖知縣黃士進陳景淮陳

桂三人教諭陳豫章謹之子儒士中通判劉宸順天中以上長樂游

璉連江辛未進士廣東副使有軍功周尚文教諭永福陳文

昌知縣鄭慕陸之子辛未進士官終湖廣副使臺有声俱福州左

建寧田賦府學甲戌進士知府陳廷用浦城楊茂丁

丑進士僉事葉逢陽辛巳進士有傳俱松溪

泉州蘇輔甲戌進士知府 李旼 莊哲知縣 尤復知縣

郭楠甲戌進士知府以上府學 王翊 陳良猷知縣 蕭冠

玉教諭 郭款復姓王知府 陳矩 項忠教諭以上晉江 陳琛晉江

儒士 丁丑進士有傳 黃泰同安 黃偉同安儒士 甲戌進士

知縣 黃瓚南安 癸未進士知縣

漳州黃玠知州 楊表甲戌進士有傳 張賀知縣以上龍溪

許選潛之孫知縣 劉友仁甲戌進士參政漳浦俱 林明

僉事長泰

汀州余本純訓導清流

延平胡瓊府學辛未進士有傳徐濟第四人熊威應天中第三人俱將樂

邵武陳懷知縣府學

興化黃廷宣第人一甲戌進士僉事林有孚辛未進士都御史宋洪知縣朱守為知縣黃行可辛巳進士按察使楊國本知州高仁辛未進士知州姚鳴鸞辛巳進士知縣黃大源辛未進士知縣黃洙知縣方彥守之子知縣方從鯤岳之子鄭公奇甲戌進士知府以上府學陳孔彰知縣劉大清同知林潭以子雲同贈都御史林

豫甲戌進士布政使陳嘉譽教諭歐溥知縣洪子誠

通判游大川周大柱知州廖慶辛未進士郎中鄭祥

教諭以上莆田林嵩知縣朱鳴陽辛未進士有傳高逌有傳

林繼賢慎之孫有傳四人莆田儒士

福寧林道祁之子教授寧德人

正德八年癸酉

福州林炫庭㭿之子甲戌進士有傳袁達知縣鄭成濟之子

丙戌進士知府王思仁教諭陳毓賢丁丑進士有傳

李鏓同知林汝達知縣鄭舉鏞之孫知縣以上府學劉世揚

第三人丁丑進士有傳葉奇第五人辛巳進士御史周
忠教諭劉勳宣之子知縣張潮通判以上閩縣王希旦佐之孫第
四人有傳林維顥知州陳相知府王朝賔英之孫助教秦行
賔知縣袁守燿教授田邦傑甲戌進士知府以上侯官陳浩
守知府陳思順桂之子袁州同知為人謹厚所至廉靖鄉評重之俱懷安陳
讃德隆之子癸未進士副使鄭憲丁丑進士有傳陳良
珍丁丑進士郎中林公黼丁丑進士有傳陳宗謨
國子監丞以上長樂陳垣户部郎中有操守人称之王德謚連江儒士丙
戌進士有傳

建寧趙泮知縣政和
泉州曾禎陳奇通判史于光丁丑進士有傳林春
丁丑進士御史徐崇壬辰進士文行可称官終長史以上府學
何綱學正黃潤辛巳進士有傳陳佐教諭以上晉江黃源
澄癸未進士僉事蘇麒甲戌進士洪熊訓導以上南安
陳田周英知縣黃良弼國子學正以上同安張岳慎之子第一人
丁丑進士有傳郭克一教諭俱惠安
漳州顏階戶部郎中陳英知縣俱府學鄭裏知縣龍溪劉友
德知縣塗爲憲通判李逸教諭以上漳浦戴時宗的之子長泰

甲戌進士僉都御史

汀州丘道隆上杭甲戌進士御史賴守方永定

延平鄭慶雲及之子甲戌進士有傳黃焯甲戌進

士有傳俱南平謝恩沙縣

邵武金山光澤人廣東中

興化廖雲龍第二人癸未進士林達俊之子甲戌

進士馬明衡思聰之子甲戌進士御史黃濬通判洪鏘

辛巳進士通判常孺甫福之子知州林介辛巳進士

知府鄭一鵬辛巳進士有傳丘其仁丁丑進士知府

林益辛巳進士知府宋宣林若周時讓之孫丁丑進士御史張曰韜丁丑進士有傳劉勳甲戌進士都御史周章林大輅甲戌進士都御史林仕鳳丁丑進士僉事吳音知州劉宣以上府學洪瑒辛巳進士應天府尹陳士載知縣姚鳴鳳辛巳進士御史顧陽和孟喬曾孫辛巳進士提學副使柯維熊英之子丁丑進士郎中陳應之丁丑進士陳講衍之子知縣以上莆田鄒思魯莆田儒士學正林檣照之子仙遊甲戌進士郎中福寧陳琦福安陳褒和之孫甲戌進士陳袞褒之弟

癸未進士御史忤權貴謫州判官終廣東僉事俱寧德

正德十一年丙子

福州倪組欽之子第四人丙戌進士知府魏廷美知縣謝寬廷桂之子知縣林德振教諭郭波珙之孫丁丑進士主事凌雲通判鄭允璋汝美之子丙戌進士同知陳希登宗超之子丙戌進士評事林文炳知縣以上府學鄭璋伯和之子第五人丁丑進士有傳廖堯仁林志麟文奎之子通判趙誌通判卒年九十有六以上閩縣蔡經復姓張丁丑進士有傳林鐶通判楊叔器辛巳進士御史以上侯官邵桓知縣廖世

昭雲騰之子第五人丁丑進士有傳孟邦傑斈正金廷貴
知縣以上懷安林鉞古田戴玉成丁丑進士知縣范惟恭
同知莊惟春文玄之子己丑進士知府鄭源渙錫文之子丁
丑進士知府以上長樂李士文連江己丑進士有傳何英
才長史福清

建寧李默府斈辛己進士有傳王仕策甌寧朱煊知縣
建陽范璉松溪姜禮通判政和李蕃

泉州丘養浩辛己進士有傳楊蔦王宗濬宗源之弟
丙戌進士僉事洪開陳弘毅以上府斈吳希澄晉江常

尚賢南安辛巳進士知府謝昆己丑進士郎中林希元儒中士丁丑進士有傳俱南安縣陳理知縣惠安

漳州曹沂逸之子知縣鄭臨知縣陳令通判鄭要知縣以上府斈鄭復知縣龍溪林梅己丑進士郎中漳浦林汝訓導漳平

吳大奎教授鎮海

汀州雷蒙恩清流

延平田項尤溪辛巳進士有傳

興化朱淛第一人癸未進士有傳陳騰鸞辛巳進士有傳鄭洛書祥之子丁丑進士有傳林茂竹丁丑

進士叅政方夢麟岳之孫史梧欽之孫辛巳進士僉事
柯維騏癸未進士有傳余廉琦之子教諭丘茂忠山西中
辛巳進士布政使郭日休辛巳進士按察使吳大
本黃日敬相之子運使方重熙良永之子方一桂宜賢之子
癸未進士提李御史方瀾迪之孫丁丑進士郎中黃仕
達同知李詔知縣吳綾希由之子王鳳儀學正王鳳靈丁
丑進士有傳以上府學林應驄湛之子第三人丁丑進士有傳
方召南徵之孫壬辰進士林遷喬廷綱曾孫丁丑進
士郎中王曾偉之孫知縣黃大經楷之孫辛巳進士主事

詹寬辛巳進士御史林大謨麒之孫知縣蘇璞通判以上
莆田黃杭癸未進士主事陳大珊癸未進士有傳姚
正辛巳進士知府三人莆田儒士朱可宗璀之子河南中丁丑
進士郎中
福寧張嵩餘姚附籍儒士中教諭

正德十四年己卯

福州陳公陞憲之孫第一人己丑進士江西副使王鎣鑲之
孫第五人有傳翁繼榮文澤之子通判方邦望推官仕有時名謝
黃賡之孫辛巳進士有傳陶汝弼陳世仁葉思齊

通判鄭瀛林庭枝瀚之子林鉞辛巳進士御史沈継
以上府斈梁昺楠之子知縣林炣知縣林士元璋之子審理戴
亨知縣藍淦昌之孫通判連用誠知縣高經從義祖高昇姪儒士
中崖州知州有詩名以上閩縣林椿知縣陳時濟晉之子陳釗教諭
蔣鉞知縣以上侯官趙士讓明之子通判羅釗澤之孫知縣林
瑩玭之孫丙戌進士知府林思誠孔仁曾孫助教以上懷安縣
鄭舜治第二人鄭守思昊之孫知縣陳鑾知縣陳大濩
辛巳進士同知以子有封都御史鄭珊知縣陳大用癸未
進士知府吳錫寔之曾孫陳錠時寔之子南安同知以上長樂吳世

澤癸未進士副使以子文華贈右侍郎有傳鄭白皐謝爾誠俱知縣以上連江何思明教諭福清

建寧楊紹祖第五人通判楊京太僕寺丞朱鐵王應詔

壬辰進士僉事以山府李高山教授甌寧呂希武知州建陽嚴

潮松溪吳道夫知縣藍涇俱宗共

泉州翁時晉府李丙戌進士評事任鎧壬辰進士

參議翁禎知縣以上晉江陳健同安丙戌進士知府高鳳山

知縣安溪

漳州陳遷宏之孫御史吳悌太常博士俱府林嵩長史高

琅丙戌進士俱龍溪　葉曾漳浦　辛巳進士都察院經歷

汀州梁珍　楊昱　羅績　廖喬以上府學　舒津武平

延平陳紳府學有傳　李璋知縣永安

邵武黃銑知縣府學　李寧建寧　己丑進士推官

興化鄭弼第三人　癸未進士知府　林德輝知州　劉富

鄭豸知州　吳一東教諭　陳懋芳　丙戌進士知縣　陳大

奇　吳瀚詠之孫　丙戌進士　黃世範　方重杰良永之子

有傳以上府學　周寧　戊戌進士　許一新通判　林萃賢知縣

鄭登高瓊之子　辛巳進士副使　周鳴鑾八安之孫知縣以上

莆田張文鎬丙戌進士　仙遊吳從龍知縣平海　吳選莆田儒士知州

福寧吳鈺　黃乾清　翁廷相知縣以上州斈　黃鎔通判寧德

嘉靖元年壬午

福州陳京克震之子第二人　丙戌進士知府　鄭登伯和之子溫州府同知貭厚直方有父風　陳秉雍天然之子　丙戌進士　倪緝欽之子　丙戌進士湖廣副使守制歸遂不出　阮魚時懋之子知縣　葉章　許繼垣之子　癸未進士知府　何偉瓊之曾孫通判　許仕昭同知　林燁庭模之子遼府長史以子根封員外郎　葉邦榮順之孫安

吉知州有文名老而不怠李鎔鉦之子知縣以上府李戴高同知林泰
陳文浩壬辰進士知府張世衡楙之孫通判高叙昇之
孫陳子文鎮之子儒士中己丑進士有傳以上閩縣王日丙
佐之孫第四人有傳龔用卿第五人丙戌進士第一人有傳
楊暉壽之曾孫歷黃梅高淳教諭課督甚嚴取予不苟許嗣宗坦之孫辛
丑進士戶部郎中周亮榮之曾孫壬辰進士歷御史官終大理寺
丞為人通敏和厚俸餘置業均分其弟世以為難王欽佐之孫癸未
進士令黃岩著績辛官兵部郎祝時泰廷王之弟儒士中德府長史有文名
以上侯官徐灌通判鄭鋼懿之孫丙戌進士知府廖雲縱

樂安知縣林繼偉之子知縣鄭淮應天中癸未進士以上懷安
林承訓丙戌進士知縣林六獻知縣陳朝慶知縣李
性癸未進士知府曾茂卿辛丑進士知縣以上長樂何
世祺司明之子壬辰進士台州教授方日乾癸未進士
山西僉事在臺有論列鄭廷壽扶之子鄭廷焯知縣以上福清
建寧黃封建安陳儒祚知州范宣嵩之子俱甌寧張明浦城
壬辰進士武昌知府
泉州汪旦乙未進士御史洪富己丑進士參政易
時中順天推官林性之己丑進士有傳蔡存遠清之子

丙戌進士太僕寺丞以上府學陳仲癸未進士中書舍人陳
廷謨俱晉江蘇安南安儒士教諭王佐運同同安
漳州吳昇知州府學張堅知縣龍溪
興化丘愈溪之子第一人同知黃大廉第三人壬辰進士
僉事姚文炤癸未進士布政使黃金癸未進士主事
方一蘭癸未進士禮部郎中宋大挺訓導陳祥麟丙
戌進士有傳馬呈瑞教諭鄭絅贊之子己丑進士南兵
部侍郎陳儦癸未進士尚寶卿林應標癸未進士
布政使黃廷用乙未進士工部侍郎林國輔知州方重

耿良節之子　林文華癸未進士知府　曾志澄教諭　黄懋

恩洙之孫員外郎　鄭子允　黄希韶　侯成志　翁泳教諭　魏

一萃己丑進士有傳　柯維羆知州　俞昌言知縣以上府李

林雲同譚之子　丙戌會試第四人進士有傳　陳欽

知府　吳禋鑑之孫知縣　林大道　劉璋　周懋昂教諭　朱道

瀾癸未進士副使　黄德純壬辰進士僉事　林斌副使

林汝永運使　黄桂香通判　蔡廷春知縣上五人莆田儒士　余

洲一正之子順天中　癸未進士　黄九霄華之子順天中知州

翁溱洼之子順天中以上莆田

嘉靖四年乙酉

福州楊烶第二人丙戌進士行人胡文舉第三人御史

倪鏡第五人丙戌進士工部主事以壽終林庭機瀚之子

乙未進士有傳王鍵鼎之子常山知縣有清標朱德禎己丑

進士同知何文俸知州張增善堯濟之子賓州李正林宗桂

知縣周倫南道御史李丕顯乙未進士贛州知府卒官民德之

曾世盛梅之子己丑進士參政以上府李陳節之己丑

進士有傳張廷器知縣林繼皋己丑進士知府鄭時

暢塾之曹孫知縣王舜卿有傳陳清濂教諭陳應奎知縣張

元秩天顕之子通判以上閩縣鄭璉知縣祝廷玉恩平知縣致仕卒年八十有八俞世潔壬辰進士国子博士袁成能昇之子行太僕少卿卒官鄭瑛蔣鏜知縣以上侯官許穀侯官人應天籍乙未會試第一人進士尚宝卿陳世熙襄陽府通判先令西華有能声孝友睦族人稱之林璧文績之子己丑進士廣東僉事性執忤時仕途偃蹇陳命元成之子知縣林廷寀子仁之子都勻知府家居甚貧卒不克葬龐中丞命有司塟之馬寅紀善張世宜孟敬之子通判陳德華知縣以上懷安鄭世威己丑進士有傳陳一中教諭高廷忠壍之子府傳李懷靜知縣林山己丑進士有傳林恕己

丑進士有傳陳捷己丑進士僉事以上長樂陳秉誠元憲
之子歐思誠順天中己丑進士知府俱連江毛秉鐸丙
戌進士副使林廷器陳一貫己丑進士知府林應
禎浯州知州以上福清
建寧張雲漢甌寧藍釜南陵知縣崇安
泉州蔡潤宗通判王慎中丙戌進士有傳黃文漢
蔡存徵清之子知縣梁懷仁己丑進士蚤號神童弱冠登第
授吏部郎尋卒柯乾敷同知以上府學莊一俊晉江己丑進士
叅議王良桂壬辰進士郎中洪廷寔同知俱南安張悌

惠安楊逢春同安己丑進士湖廣參政
漳州曾檀漳平貢應天中更名汝檀己丑進士有傳
延平王滋己丑進士推官蔡文盛俱府學李杏有傳
永安
興化林東海宗壐之子第二人丙戌進士僉事俞獻丁
第四人知縣黃文炳乙未進士參議張秉壼戊戌進
士太僕卿陳光業己丑進士參政鄭大同己丑進
士戶部侍郎陳雲程陳憲知州彭希賢戊戌進士兵部
郎中王俊陳叙戊戌進士知府以子志封都御史宋茂熙

丙戌進士［副使］沈良［員外以上府李］陳龍林華壬辰進士［有傳］余拱北陳侍科［知縣］陳驥［知縣］林道張希虞［洽之孫知縣］林允宗己丑進士［知府］陳光明［太僕寺丞以上］莆田許四從［知縣仙遊］林顥歐志學［知縣平海俱］鄭守愚［恩之曾孫］丙戌進士［右都御史謚襄惠］翁桂［知縣］周鯤［宣之子］

戊戌進士［江西副使三人莆田儒士］

福寧周璞［有傳］

嘉靖七年戊子

福州陳席珍［知縣］曾廷椿施廷美［知縣］林湖林天

駿幹之子贛州推官工六書法俱府學陳淮暐之曾孫戊戌進士推官
鄧熺珙之曾孫壬辰進士知縣林繼祿知州王應槐璉之
子李正王誥知縣鄧遷加奥通判以子元岳贈主事以上閩縣張騤洪之
子第四人官終同知陳鍾王時中知州張煥文衡之曾孫知縣林
廷琛儒士中乙未進士有傳林應亮春澤之子乙未進
士戶部侍郎兼僉都御史以上侯官鄭守道第三人徽州通判裴森
俊之孫復姓馬乙未進士有傳汪澄江繼宗曾孫知縣以上懷安陳
豪諛之子壬辰進士副使吳鎮寔之孫復姓林乙未進士
長史陳時望昌本之孫授教諭鄭錫澄知縣以上長樂鄭儀則

教諭連江歐思賢連江籍順天中戊戌進士兵部員外薛廷龍

壬辰進士有傳項志德漳之孫四川叅議卓邦清富川知縣

居官有守盱時乃歸龔鐸知縣林珠知縣林孟機知縣施千祥

乙未進士四川叅政以上福清林春福清人應天中壬辰會試

第一人進士吏部郎中陳時長樂人順天中壬辰進士通政

司叅議

建寧丘廷梓浦城張敏建陽葉儒教諭范鑑俱松溪范

梁藍用璧順天中李爕貴州中員外以上崇安

泉州尤騏主事温學舜乙未進士通判陳蕙己丑

進士副使莊壬春已丑進士知府王時儉戊戌進
士雲南參議張志選已丑進士知府黃才碩張文録
知縣留子陳以上府學莊用賓已丑進士僉事黃光昇
綏之子已丑進士有傳謝宗同知蔡克廉祐之子已丑
進士南京戶部尚書何元述壬辰進士副使李仁主事王
春復儒士中戊戌進士有傳以上晉江許鳳黃濂清長史
倶南安劉汝楠第一人壬辰進士湖廣提學僉事許福乙
未進士尋卒傅鎮壬辰進士都御史蘇瀾知縣吳
德範知縣張明教諭陳温知縣以上同安李愷壬辰進士

副使洪軻隆孔煬之子王以寧奇澄之子以上惠安陳漢章永春人雲南中式
漳州徐衍知縣高寬倶府李王瑩之都督府經歷長泰丘有翼漳浦鄭景昂知縣鎮海
汀州黃康府李
邵武朱榮府李壬辰進士參議
興化陳燮孔彰之子李正方宗重文煒之孫通判吳煥章知縣高昭俊之孫知州鄭道夫教授雍瀾壬辰進士參議
鄭汝舟壬辰進士參議林人紀員外吳文煥知縣吳

梓知州鄭應鵬中之子以上府李謝恫第四人戶部主事李守見稱

張應鳳知縣陳富春通判丘陽知縣俱莆田以上戴廷璋

通判平海方直琫之子中知縣順天楊汝惠廣西中教諭黃謹

容儒士中己丑進士知府周包荒湖廣中四人俱莆田

福寧郭文習知福安縣

嘉靖十年辛卯

福州林琅焯之子戶部員外有詩名黃深辛丑進士郎中陳

源清教諭以子柯贈主事黃仲陽源大之子長史陳元珂乙未

進士有傳葉繼美知府謝宜相源之子石砥知縣羅尚

絅增之孫泗州知州鄉論博識陳震弼明之曾孫知州以上府李劉鶴
翔世揚之子彭澤知縣博學能詩穆旺彭謹辛丑進士僉事以上
閩縣施傳愛廷美之弟第四人王鉞昇之子壬辰進士歷錢
塘瑞金稱能吏終府同知林廷堅乙未進士知府姚良弼
玨之孫以上侯官廖世魁乙未進士瓊州知府卒官楊道南
通判朱龍麒之孫以上懷安陳玉長樂辛丑進士知府孫文
錫連江戊戌進士大理寺丞張榮李賢知縣游新祐吉安
教授林一清知縣薛一經教諭陳仕賢壬辰進士有傳
方秉鉞教授以上福清王垔永福貢應天中知縣

建寧楊應詔府斈張衢浦城朱淩辛丑進士僉事
泉州陳讓第一人壬辰進士有傳史朝賓第一人丁
未進士有傳陳儲秀壬辰進士副使楊宗秩張天
叙文應之子知縣曾一誠蔡纘同知莊深知縣林大任鄭
一鸞戊戌進士戶部員外鄭承家良佐之子以上府斈柯寔
鄉壬辰進士知府郭立介蔡元偉同知黃國寵儒士
中同知黃鰲乙未進士參議以上晉江鄭普壬辰進士
知府傅夏器庚戌會試第一人進士吏部郎俱南安許
大來知州蔡宗德通判王臣知縣黃源呂文締知州許

汝明知縣許贊知縣以上同安莊朝賓第三人丁未進士

布政使康朗乙未進士副都御史俱惠安

漳州沈仁教諭府李徐表壬辰進士理問林功懋儒士中

壬辰進士有傳俱漳浦薛雍廣東中第三人陳天資廣東中第

五人乙未進士布政使俱詔安余勳鎮海貢順天中通判

汀州鄧向榮甲辰進士郎中李旦俱府李

延平游居敬綸之子南平壬辰進士有傳曾守成知縣

永安

興化方正梁有傳鄭顒姚虞鳴臺之子壬辰進士知府

方國佐戊戌進士何廷賢教授林應鳳教諭林兆
全富之孫庚戌進士主事陳須樂華之子林培助教
余一鵬瓚之子甲辰進士僉事以上府李黃應星第五人
王一貫鳳儀之子知縣方大順知縣楊中孚慈之玄孫林渙
州判宋天民壬辰進士鄭芸乙未進士吳雲副使
臺教之子知州陳位懋源之孫壬辰進士僉事陳雲衢岳之孫
乙未進士郎中黃獻可壬辰進士主事周瑞壬辰
進士評事唐時雍儒士中通判王鵬新會訓導廣東中以上俱莆田
福寧林愛民甲辰進士廣東僉事

嘉靖十三年甲午

福州葉春澤徽之孫戊戌進士楊一謨乙未進士貴州參議以終養王鏞同知鄭天行同知謝啓元貢之子有詩名未仕辛冢亭贈司務以子鄒文元長史魏文焲甲辰進士廣西按察使洪世文晅之子戊戌進士山東副使致仕何鏊偉之子知縣沈一元知縣黃宗器津之玄孫乙未進士湖廣副使以上府李徐麟知縣陳暹佳之子乙未進士有傳林大章辛丑進士知府吳文譽王子聰於潛知縣歷三任皆著績曾廷梅通判陳士儀乙未進士推官黃錦知縣以上

閩縣王鏜介之子乙未進士同知家居好學不怠藍濟卿乙
未進士知府劉桂知縣舒汀乙未進士有傳王應鍾
褒之玄孫儒士中辛丑進士改庶吉士歷御史河南副使提學山東參政以
上俱侯官薛欽第三人教諭方桂知縣林懋舉濬淛之子甲辰
進士在諫垣有論列辛官廣西布政張煌戊戌進士雲南副使以上
懷安石銘知縣陳繼文楊應和俱知縣鄭錫麒乙未
進士同知王琮有恬之孫知縣以上長樂楊子充第一人同知王
一言第四人乙未進士員外周坤同知陳一科伯諫之子
應山知縣有操尚不隤其家声魏濠有傳翁世經乙未進士有傳

吳從義乙未進士四川參政方塘日乾之子同華推重未仕卒

黃仁惠癸丑進士知縣郭萬程貢順天中乙未進士

事母以孝聞好古力斈授戶部主事遷卒以上福清

建寧徐行滕鶴齡以子伯輪贈吏部郎楊垚應天中以上應天府斈

周鳳岐乙未進士同知張爵應天中俱浦城黃應魁建陽

藍渫順天中教諭李佐夔之子貴州知州俱崇安

泉州趙恒琯之孫第五人戊戌進士知府致仕經斈盛傳李奇

俊知縣周天佐乙未進士有傳郭立彥庚戌進士

尚寶寺卿王佩知縣以上府斈史宏詢知州郭良璞庚戌進

士知府陳露同知莊思寬戊戌進士建昌知府姚居易

知縣張喬相知州以上晉江黃養蒙澄之子辛丑會試

第二人進士戶部侍郎洪庭桂戊戌進士御史終知縣以

上俱南安林可棟長史同安陳揩輝之子莊一貞張瑞順天中

戊戌進士知府以上惠安鄭莊彥永春貢應天中三人助教

漳州王會龍溪貢應天中同知林策戊戌進士江西僉事林

一陽審理漳浦俱陳進詔安儒士

汀州伍思召清流張僖永定貢應天中戊戌進士中書舍人

延平黃焌相之子通判府李

邵武王錫為人峻整以行誼著未仕辛卿人惜之府李

興化鄭富第二人乙未進士知府林成立知縣林應

采同知朱端表儼之子林萬潮富之子戊戌進士贛州

推官有文名周瀾知縣鄭貞夫乙未進士知府李興丘

茂榶方太樂辛丑進士知府李仰止辛丑進士

推官謝明昜炯之子知縣以上府李楊萬程乙未進士知府

朱端明儐之子知州陳亮采陳策琦之子乙未進士

御史吳佐琛之孫林一山渚之曾孫康太和乙未進士

有傳陳烜知縣鄭鳳敏政之子教諭俞維屏戊戌進士河南

叅議以上莆田

嘉靖十六年丁酉

福州鄭逑（琳之子第四人）庚戌進士（叅議）林春秀（廬州同知先任惠來勦強樹弱民德而祀之）葉繼善（知縣）林春周應奎（通判）劉燁（知縣以上府斈）林洪（同知）鄭相（澄之子滁州知州）黃宗槩（澤之玄孫）戊戌進士（右給事中）林懋和辛丑進士（改庶吉士歷布政使官）楊成（知縣以上閩縣）楊世瑞（通判）張文鏓（知縣俱侯官縣）徐栱（灌之子第五人）王建中（助教）陳坦（知州）葉麟（工於詞翰選貢應天中）陳鐸（憲之子教諭浙江知歙縣以子躍潛封廣信府推官以上懷安）

郭文渻古田貢應天中保寧府同知以詩善声何夢卜第二人陳
時霖辛丑進士同知陳時範文沛之子辛丑進士布政
陳惟舉丁未進士按察使陳燁教諭陳英選惟新之孫
通判石震璧之孫知以上長樂陳懋勛伴讀林金貢應天中知縣俱建
江縣林公璉教諭何御熙之孫戊戌進士兩浙運使項志
仁李㢊潤之孫辛丑進士刑部郎中先令全華士民有思以上福清
建寧袁鶴齡張璿知縣建陽俱陳濡府學貢應天中知州
泉州林一新性之之子丁未進士布政使薛天華庚
戌進士布政使黃崇慶知縣李一德長史以上府學章日

閩人第一史朝宣癸丑進士有傳史節之更名朝富癸丑進士永州知府石華嶽朱梧知縣楊蔫教授許瑄戊戌進士中書舍人黃鑄丁未進士副使洪英明知縣以上晉江洪朝選辛丑進士有傳蔡士達知縣劉存德戊戌進士廣東副使林大梁知州謝復春盧天祐知縣以上同安陳彬莊應禎丁未進士布政使康求心以上惠安漳州陳韞知州謝彬甲辰進士副使高贊僉之子通判沈章知縣丘峻應天中知縣以上漳浦盧岐嶷甲辰進士按察使謝瑚教授俱長泰

汀州沈明經（長汀貢應天中）

延平吳必學（同知）羅鍾（知縣倶府李）徐霖（同知將樂）李彬

（尤溪人應天中）丁未進士

興化歐天然黃洪毗（肯堂之子）戊戌進士（河南參議）張

春鄭鏊（同知有文名）陳應魁（鍾之孫）戊戌進士（即中）林

應箕（仕鳳之子）戊戌進士（御史）林安禎（知縣）陳日然（知縣）

鄭東白（獬之子）丁未進士（僉事）劉自省（同知）丘秉文

（戊擁之子）甲辰進士（光祿寺丞有文名）黃懋官（希濩之子）戊戌

進士（南戶部侍郎軍變被害）黃繼宗（知縣）楊皆（瓚之孫）戊戌

進士四川僉事黄希白仲昭之孫同知鄭用賓南太僕丞以上府李

林茂植第三人戊戌進士黄兆亨知州鄭雲煥知縣

龔雲從辛丑進士員外方鯤以順之孫鄭俊克徽曾孫鄭

守德礼部主事丘頊達丁未進士左布政使以上莆田吳紳

布由之子有傳仙遊陳賓莆田儒士知縣方夢龍順天中

華之曾孫順天中通判俱莆田黄必賢

嘉靖十九年庚子

福州鄭啓謨舉多之孫第一人知縣鄭汝清知縣王繼芳

知州余廷彬陳柯源清之子庚戌進士江西參政何子顯

知縣張嘉猷[德府教授有文名以上府李]黃以賢[松江同知文李有名]

陳全之[燁之孫]甲辰進士[山西叅政]陳垣[教諭]王鎮[郎中謫州判]

羅一鶚[推遠之子]甲辰進士[湖廣叅政]孫渭辛丑

進士[副使]復姓鄭林紀[知縣]鄭銘丁未進士[溫州知府]

葉繼熙[知縣]胡廷順[同知]吳悌[國子助教以上閩縣]陳鑒[知縣]

陳情[相之子]徐槐[知縣以上侯官]魏道亨[廷美之子知縣懷安]陳

址[知縣建江]鄭功甫[司務]吳大德[知縣長樂]俱張德熹[福清]

甲辰進士[郎中]陳喬嶽[順天中通判俱福清]

建寧楊承祚楊肇[吏部司務俱建安]滕霽[甌寧李順天中]徐

伯相同知浦城李有年知縣建陽李祐蔓之子崇安人貴州中

乙未進士都御史

泉州張晃旺之孫丁未進士參議朱安期庚戌進

士參議田楊庚戌進士副使王惟中辛丑進士太僕

少卿黃伯善同知翁克英員外楊士中通判陳章知州李

士絢知縣以上府李何琚丁未進士主事項宗禮戴鯉

化推官林桂知縣以上晉江林時拱晉江儒士中同知王承箕

知州南安王庭梘楊師顏李春芳庚戌進士知府許

廷用河南中辛丑進士主事李慎第五人庚戌進士

苑馬卿鄭一龍庚戌進士副使黃森癸丑進士岷府長史駱惟儼知州以上惠安

漳州林應奎甲辰進士廣東僉事袁文璘知縣王承佑知州以上府李黃洋第二人癸丑進士太平太府陳師曾遷之子俱龍溪丘時庸知縣王健丁未進士浙江叅政葉期遠貢應天中癸丑進士知府讁通判林一初順天中以上漳浦王惟恕瑩之子丁未進士廣西叅政長泰人

汀州康憲府李陳大猷上杭

延平林騰鯉祥之子通判永安黃文梯鍾之孫知縣沙縣

邵武何廷珏庚戌進士御史府李
興化李長盛孚先之子第三人辛丑進士知州徐觀瀾
郎中以詩名黃玉藻秩之子知縣林芸崇安教諭周讓知縣姚
鳴玉周京知府以上府李陳元經弟四人長史方興邦山之
曾孫參議朱資播之孫知縣黃應策漳之子辛丑進士推官
林秋英林議辛丑進士知縣陳甘雨甲辰進士
知府柯本維羆之子庚戌進士知府宋曰仁丁未進士參政
主事林鳳鳴奎之孫羅士智推官張英辛丑進士叅政
趙大華知縣李宜春甲辰進士知州昌應會長史李

德用有三人儒士中傳以上莆田陳維孝仙遊阮琳順天中知縣

福寧黃乾德知縣

嘉靖二十二年癸卯

福州莊嚴知縣劉鵠翔世揚之子方兄鶴翔俱有文名官終長史林

堪知縣以上府李王大經康之孫司務楊威知縣周文爊明之

孫知縣姚仕顯丁未進士行人司正張樞翰之子知州林

志寅知縣以上閩縣程伯鎬閩縣儒士通判林烋庭模之子長史

葉廷萃郎中林服休知縣復姓倪以上侯官吳時昭知縣陳

燦教諭張邦彥甲辰進士知縣孫國隆知縣李廷纘

知縣以上懷安陳國信教諭連江陳夢雷長樂儒士同知鄭士標
古田何宗魯惠明同知居官清介郡人思之嚴以修莊應元知縣
陳公彥施模知縣以上福清
建寧雷全科癸丑進士寧波知府魏世熙知縣楊世
臣知州以上府學徐一魁知州建陽
泉州柯元應周良寅庚戌進士吏部郎中被劾削籍張
喬檜癸丑進士寶慶知府鄭一鳳知縣莊士元癸丑
進士會試第二人刑部員外林宗和同知蔡一槐已
未進士僉事尤烈庚戌進士參議以上州學蘇宗璽通判

謝文南（知縣）周茂中（儒士中知縣以上晉江）王三接庚戌

進士（知府）洪桐（俱同安）曾承芳丁未進士（御史）康翔

陳光前施弘璉（教授以上安溪）蔡煥（寔山訓導應天中知府）

黃大節（南安人順天中）庚戌進士（知府）丘續（惠安人順天中）丁

未進士（運使）

漳州洪公諧（異之孫）甲辰進士（知府）柯應鳳（通判）李

文華（以上府學）洪一泰（龍溪）林成綱（知縣）王春澤（初名滴）

丁未進士（參政俱漳浦）

汀州丘尚志（府學）賴希道（知縣永定）

延平林騰蛟祥之子第二人丁未進士有傳謝吳教諭俱永安
邵武陳謨知州
興化黃謙華之曾孫第三人庚戌進士給事中林仰成
元甫之孫第四人通判江從春第五人同知盧志行曾彬知縣
李日新知縣吳應徵知縣陳文信鹿之子通判陳九德
訓導順天中傅卿甲辰進士僉事吳三畏同知彭文覽
大治之子己未進士參政高萬仞昭之子知縣林茂桂知縣
林文賓柳州訓導廣西中第二人以上府學黃繼周第一人知州趙
世德知縣鄭茂敬通之子癸丑進士河南按察使張斌同知

顧日新司務朱文漢丁未進士給事中陳其箴大奇
之子通判黃輅初司務以上莆田張重知府林應樵教諭林應
鵰運副俞紹同知黃應升林應昌俱知州鄭廷俊知縣
七人莆田儒士徐純知州仙遊吳廣徽之曾孫廣東中博士
福寧陳良謙通判州學郭文週初名功週甲辰進士御史
係福安人

嘉靖二十五年丙午

福州周欽第三人員外李鳴金黃季瑞丁未進士
大理少卿邵書文忠之孫知縣鄭鑰御史陳九功公陞之子知縣以上

府學洪世遷瑄之子第一人許亭更名世武林爌庭機之子丁未
進士有傳姚本崇知縣黃河濱知縣甘騰霄通判林良
材鄧幹斌之玄孫以上閩縣林耀知縣林以穀知縣黃履
旋丁未進士長史林嘉謨知州鄭維邦珙之玄孫徐州知州
以上侯官林則時林尚崗俱知縣懷安楊名知縣古田石磐
壁之孫第四人參議鄭景學正陳樾觀癸丑進士廬州知府陳
瑞奎之孫王應時褒之矣孫第五人庚戌會試第五人
雲南按察使永福陳見一科之子林資深同知嚴順教諭龔澤
知縣陳湯敔江西知縣致仕以上福清

建寧滕大本知縣甌寧徐浦浦城癸丑進士四川僉事

泉州黃廷楫文溪之子知州留元復志淑之子王宗會癸丑進士廣東僉事蔡陽立以上府學林奇材己未會試第二人進士主事王國相知縣丘有嵒癸丑進士應天府丞許宗承知縣鄭良璧推官黃襄己未進士知府李績庚戌進士會試第四人鴻臚寺卿江萬仞癸丑進士僉事二人晉江儒士莊獻同安林富春癸丑進士同知江梅通判以上惠安傅陽明南安貢順天中李瀾安溪

漳州顏會庚戌進士主事呂旻癸丑進士改庶吉士

積官侍郎兼翰林院學士黃美中知縣以上府學陳常道林一
新丁未進士僉事俱漳浦陳冕知縣龍岩蔡文丁未進
士改庶吉士歷都御史南靖
汀州趙鉞知州長汀劉梁丁未進士清流
延平陳應鶚紳之子知州南平縣人謝應元通判沙縣
邵武堯世美瑄之孫和厚積誠未仕辛朱栴瀚之孫俱府學
興化陳南星第二人推官陳言丁未會試第四人
進士有傳郭應聘湍之子庚戌進士有傳林炳章希範
之孫寺正俞大有慶雲之孫同知吳階知縣方萬有臨之孫癸

閩大記　卷之七

丑進士禮部主事陳所有應之子知縣徐一陽知縣林鳴岡知縣吳非王大田之子癸丑進士更名元王員外郎林應節己未進士參政高起通之子丁未進士副使陳裕知縣以上府斈陳文靜聲遠曾孫知縣陳龍琳之孫游日就林建邦培之子通判楊繼宗元之曾孫同知黃佳通判張佐知縣林大震知縣楊休鐸之孫以上莆田劉大化番禺人仙遊斈鄭雲鵬知縣李思讓元鎮曾孫王絹通判以上平海

福寧安子賢州斈

嘉靖二十八年己酉

福州蔡本端（浩之子）癸丑進士（崇德知縣倭變謫戍）陳元琰庚戌進士（元珂之弟知府）吳鑄（鎮之弟知縣復姓林）林應標（知縣）施可學（教諭）陳仁（知州）阮杜（時想之孫知縣）吳思齊（通判以上府斈）潘易張焯丙戌進士（知縣以上閩縣）鄭元韶（第二人僉事）林源清（鏢之子）陳儦（元佑之子知州以上侯官）鄧原玉（第四人長史）林應揚王希周（知縣）謝蒙亨（啓元之子員外以上俱懷安）魏焯陳必遂（知縣俱古田）陳琦石梁癸丑進士（龍游知縣有異政卒于官邑人思之）鄭源林癸丑進士（郎中）林森（知州）陳逢景（提之子）卓爾庚戌進士（范馬）

少卿以上長樂丘行義第二人知縣陳秉謨知縣俱連江毛孔墀庚戌進士戶部主事惇李有操未究其用陳良柱教諭俱福清建寧謝丰知縣張存義癸丑進士兩浙運使俱府李楊嶷通判林命癸丑進士廣東按察使謫官俱建安張文獻知縣熙寧李有則知州王泰俱建陽泉州蘇民第五人陳道基庚戌進士都御史楊珂乙丑進士潯州知府許宗鎰癸丑進士浙江叅政粘鍾岳丁自申庚戌進士知府黃尚賓莊國禎壬戌進士布政使以上府學黃一棟知縣洪英佐俱晉江陳思

誠林叢槐丙辰進士主事楊汝藩教諭李惠賓以上
同安張峯庚戌進士僉事陳子佐丙辰進士知府俱惠
安詹林已未進士郎中安溪
漳州陳師旦宏之曾孫知縣顏若愚知縣楊瑩卿通判唐
文燦試中書舍人戊辰進士主事嚴世同推官以上府斈李
上達更名士達龍溪人蔡大壯知縣朱天球庚戌進士
南工部尚書徐鼎庚戌進士王應顯庚戌進士叅政
以上漳浦林敬表之孫漳浦貢應天中癸丑進士長沙知府游天
廷鎮海貢應天中庚戌進士行太僕卿丘鏸知縣龍岩劉一檜

長泰庚戌進士評事胡文詔安丙辰進士參政

汀州鄒國卿清流揭鴻歸化貢應天中

延平鄧應登知縣府李楊大韶知縣將樂

興化黃士觀洙之子第一人庚戌進士郎中昌應時庚戌進士知府彭希顏知縣方叔猷重巡之子通判黃祚知縣

林應元翁夢鯉庚戌進士僉事林澄同之玄孫長史

林㷍章應標之子庚戌進士按察使張秉鐸知縣陳燁

蕭謙光甫之孫知縣林燦章應標之子己未進士方攸躋

庚戌進士布政使楊舉知縣以上府李游日章己未進

士廣州知府廖寘知縣蕭奇勲癸丑進士戶部員外以上莆田

林程仙遊林憲滄平海林萬里餘干訓導江西中知縣

福寧黃乾行癸丑進士重慶知府未上卒雅有撰述張孔

修知州俱州李鄭濂州人順天中知縣

嘉靖三十一年壬子

福州陳奎第四人癸丑進士廣東按察使薛一和周

行知州高巖同知林茂勛己未進士推官陳巖之叔絡

曾孫戊辰進士雲南副使林應雷丙辰進士運使以上府李

陳聯芳丙辰進士太常寺卿林貞相以孝聞感恩知縣黃

應麟通判李遇春鎔之孫知孫林廷顯知府陳謹癸丑
進士第一人中允李子洵寔之孫助教葉露新雲南中知
州以上閩縣廖雲騰第五人國子博士羅誌知縣林鳳儀知縣
李應陽知縣以上侯官張夢斗有傳陳子芳同知林舜道
己未進士有傳嚴用和浙江中乙丑進士山西叅政以上
懷安林德丙辰進士提舉長樂楊廷秀連江林大畜知縣
永福何邦禮丙辰進士推官福清
建寧楊棐府李癸丑進士知府熊曉韶州同知張永昌
通判程寔乙丑進士通判以上甌寧

泉州王徽柔己未進士知府郭培之史朝寀丙辰進士郎中張敷潛知府李載贄知府李繼芳汝嘉之孫主事丁雲會許天琦壬戌進士行人陳敦質知縣以上府李李伯遇癸丑進士知府龔時應蔡民望知府孫振宗壬戌進士行人以上晉江黃思近壬戌進士知府南安李一陽癸丑進士同安戴一俊癸丑進士知府林會春教諭王以匡教諭以惠安薛廷寵惠安儒士知縣

漳州蔡應孫知州李翀癸丑進士歷御史同知龍溪吳

瑛蔡一楠壬戌進士郎中蔡明復丙辰進士主事
江潮丙辰進士知縣以上漳浦林煜梅之子漳
浦儒士王墀第二人長史長泰許國忠南靖儒士陳朝烈漳平
許鼎平和貢意天中吳世美知縣鎮海沈喬南詔安人廣東中
汀州伍承烈清流
延平宋成文教諭黃成樂長史俱府李蔡綱尤溪貢順天中
興化黃星耀第一人黃休泰第三人癸丑進士知縣
蔣龍李寅寔癸丑進士西淮運使林文星知縣陳雲
桂已未進士主事翁廷瓚林大覲知縣林大槐知縣

林大黼銅仁知府　翁瑩知縣　陳志叙之子　癸丑進士都御史

林啓昌司務　方瀚攸躋之子推官以上府學　蕭標知縣　陳希登知縣

宗大昇長史　吳泮知州　方攸績良永之孫儒士中　癸丑進士布政使　林潤儒士中　丙辰進士有傳　余應鴻知縣

以上莆田

福寧繆一鳳福安

嘉靖三十四年乙卯

福州林有臺克潤之孫員外　李時春推官　林元立允大之孫

乙丑進士知縣　林東階通之孫知縣　鄭良材運同　林惟

謹陳元佑臨川教諭江西中王府教授致仕元佑精於醫堅持雅操以上府李
周景倫之子第三人同知郭鼎卿雍之孫第五人江文沛辛未進士戶部郎中鄭日新知州鄭孔道圍之曾孫雲南副使鄭煒元秩之子南刑部郎中葉子僉文浩之孫知縣以上閩縣魏體明乙丑進士四川參政陳懋興己未進士同知俱侯官王諶訓導康日章袁州同知俱懷安恬淡於進取詹洪基戊辰進士僉事閩清陳復升丙辰進士副使陳雋陳治陳安瑄之曾孫三人知縣以上長樂吳文華世澤之子丙辰進士有傳連江薛廷熙同知薛曾丙辰進士副使俱福清

建寧陳繼丙辰進士副使楊成名旦之曾孫壬戌進士知縣李仕知縣以上府學陳烈壬戌進士廣東副使移疾歸卒朱江知縣建安俱楊廷表知縣滕伯輪鶴齡之子壬戌進士布政使俱甌寧朱聚瑄之子江龍知州建陽俱黃嘉賓崇安已未進士有傳

泉州吳從憲壬戌進士副使陳邦顏壬戌進士知府賴統許自新丙辰進士知府蔡萬已未進士郭斯德以上府斈陳選第四人丙辰進士知府陳載熙劉文岳知縣以上晉江黃一桂洪有容黃中本以上南安

鄭一信第二人乙丑進士副使鄭一濂郭良壬戌進士郎中汪萬里順天中通判以上惠安漳州黃文豪丙辰進士廬州知府方一正知縣俱府斈林楝江汝松彖楠孝子彖之孫已丑進士黃可久教諭湯應科丙辰進士郎中郭廷用知縣許衍應天中知縣以上龍溪童環林士弘功德之子庚辰進士行人胡文遠同知熊太楠王克家知州以上漳浦王命爵郎中佐之子同知南靖陳見可漳平黃鎮丙辰進士郎中鎮海

延平黃應林焯之子朱成武同知俱南平謝誠順昌人湖廣第一人

邵武何廷錦府學貢順天中丙辰進士知縣謝朝爵知州

建寧

興化黃樾冲第一人史應嶽欽之曾孫知縣戴科廷璋之子

丙辰進士知府陳詰乙丑進士浙江副使方攸

賔良節之孫司務黃鳴春希英之孫朱文科御史

陳應秋知縣鄭文昇遂之子林尚讓知縣以上府李

林奇廸禕之曾孫己未進士郎中林大輪知縣陳

宗虞瓚之曾孫通判林應騰通判方繼曾以嘉之孫唐時雨
通判康文程知縣王宜絹之子壬戌進士郎中顧望海
知縣陳紀熊之孫知州葉士賓珩之子儒士中壬戌會試第
五人進士郎中以上莆田

原本此處撕空紙二十葉想係
嘉靖三十七年以後未曾寫爲補

閩大記卷之八

薦辟表

歷代薦辟表

外史氏曰世所稱賢有益人國不在庠序則廛里閭耳曩時耕莘釣渭飯牛版築釋蹻草萊遠跡革冢析人之圭儋人之爵何可勝道非有所汲引安能脱輿溧去泥塗依日月之光乎

國初參用古法多方辟召不由科目而躐華膴樹勳勣者比比髦士耆儒忘其疏遯拂巾衽

褐企旌車之招維時吾閩尤不乏人世遷俗漓毀譽愛憎寒門世族品有上下夤緣附麗得希薦拔士之稱賢不必舉〻者不必賢也故自正統景泰而後顓任科目遂罷辟薦之令百五十年中外臣工不聞楊草茅一士者束於制也嗟乎科目以文登進豈謂皆賢有益人國哉其遺于所舉瑰環抱奇終老巖穴不為少矣予于曩時所徵擇其顯名當世者書之亦以稽歷朝薦士之制云

唐

王玫 平陽令

楊廷式 錄事參軍

蔡沼 三人晉江

黃曄 南安人天德軍從事

廖奉玲 將樂人太常少卿

林著 橫州

刺史

林薦 韶州司馬

林葦 端州刺史

林曄 通州刺史

林蒙 循州刺史

林邁 同州刺史

林蔇 福唐刺史上七人莆田林

披之子并蘊藻為九牧

林愻 著之從子餘杭令

徐回 橫陽令

徐褒 彭澤簿

徐崇 殿中侍御史

徐玲 睦州司倉

徐

項 司天臺贊五人莆田

劉行深 長溪人右軍中尉

五代梁

劉茂 長溪人累官兵部尚書文明殿學士光祿大夫

唐

仁

傑 歷官主簿清儉工詩

蔡儼 王審知辟戶部郎中節儉好施與

曾

敬宗三人晉江

南唐

游簡言建安

宋

陳烈侯官有傳　林元復慎思之裔奉儀郎沙縣簿　蔡伯晞四歲以神童舉真宗賜詩與以官福清　林稼翁禹臣之孫津龍之子閩縣　黃鼇神童舉賜出身連江　李子潛古田人長江長史　陳從道閩清人承務郎　倪昱羅源人邑庠教官天聖間三伏闕上書移縣治遷李官　李元譽古田人布衣召除國子學錄不至　吳文靖殿中丞　吳文秀北部郎官　朱懷英上書言忤復不用　毛直方有傳　詹本有傳上五人建安　游安

時（知縣） 游安祉（以孝舉官司理） 程元（有隱德） 童慶
仲（推官四人甌寧人） 真志道（德秀之子用蔭歷戶部侍郎二子紹祖同祖俱官府佐） 徐幾（有傳） 范師孔（有傳） 彭彝江
贄（有傳三人崇安） 徐鳳（侍講） 徐鸞（中書舍人） 徐華老
（鳳之子用蔭歷官禮部尚書三人浦城） 雷德閏（教授） 葉文興
（提舉） 丘鑿（以神童舉三人甌寧） 謝圖南（同安人舉才兼文武封閩
國男食邑本縣） 尤台（安溪人舉未仕辛神童） 楊偶（晉江人知縣）
張可封（德化人神童舉） 楊懋元（知縣） 柯汝龍（司戶二人
晉江） 顏徹（龍溪人師魯之子奉議郎） 李玧 謝克翁

處易縣尉　翁處厚上柱國　翁處朴泉州都曹　翁
處廉御史　翁處休判官　翁處恭法曹　徐義叟
知縣　徐渭叟秘書　徐發龍圖待制　徐惟德大理評事
徐穀縣丞　許子高同知　徐公震提刑幹官　翁傑
陝西運使　黄君亮通判　黄灝知縣　郭邦文司法上十
五人莆田　黄謨知州　劉俊明御史二人長溪　陳志遠
寧德人
元　吳玉知州閩縣人　高慶生候官教諭　郭陞長樂
吳江教授有文名　游欽縣尹　呂桂縣尹　黄克和州判

彭炳　趙岩　詹景仁撫州路總管　李文八教授

上四人崇安　蘇熙建安　雷德潤甌寧　張昇建陽

趙頊同知　黃石輔教授　陳信惠順昌尹　諸葛

晉行省檢校　郭明提舉　楊公教諭　楊應芊鹽司提舉

有時名　郭震祖學正　莊震訓導上九人晉江　張性

惠安人授祐潮州百戶　莊元弼永春夏四世孫蒙古學教諭　顏

福州洙錄參　陳迪吉推官　詹雪齋縣尹　黃均復

教授　李漢卿教諭　黃元淵學正上六人龍溪　車日

龍岩新縣尹　李仁甫南勝縣尹　張德之龍溪縣尹上三人南

靖　林樾軖建城有傳　吳文誼延平路總管　伍修
仲照磨　鄭鏗教諭上三人將樂　葉荊才尤溪人年十二有雋
才後登第歷官朝散大夫　徐錫順昌人推官　葉縉　丘巨
川俱泰寧　孫澤禮部尚書　鄭得鵬知事　宋德州判
方震卿興化同知　朱誠都事　丘獻教授　宋福經歷
宋治教諭　宋復福州教授　曾彥明行省都事　李伯
淳提舉　李仲泰學正　林景惠經歷　黃原恭教授
陳焰學錄　黃梓仲元之子羅源縣尹　黃方子滔十二世孫武
平教諭　黃燾梓之子興化路教授　黃烈梓之仲子建寧儒學

副提舉　孫綽 郎中　李晦叔 興化路同知　黃詔 知縣

上十九人莆田　陳天錫 建陽尹　陳陽生 汀州知事　陳陽極 候官山長二人俱天錫子　林拱 縣尹　林子南 通判

林子西 子南之弟羅源尹　王克恭 福清州判　袁天祿 以武功終江西行省叅政上八人福寧

國朝洪武間

鄭旭 有傳　陳文肅 四川按察使　林基 吏部員外郎坐累自殺　王沂 倉部郎中　林興祖 有傳

鄧誠 知府　黃麟子 刑部員外郎　王道 訓導　陳中 有傳　陳惟贇 河南都事上八人閩縣　黃濟 趙府審理以詩名

陳興訓導俱候官　王文廣知府　時安遠經歷　劉仲明　王時中縣丞俱　陳南玉州判　張伯載知府　趙昺通判　李榮祖經歷　林仕名國子學錄　鄭居貞有傳　林日清　趙觀俱同知　周玄有傳　鄭善知府上十二人懷安　王孚理問　黃童有傳　鄭煒教授　陳泰知事　蘇泰布政司經歷　謝漢同知　張煜知縣　陳希曾同知　程子器同知上八人古田　馬文聰閩清人縣丞　陳仲晉有傳　王堅有傳　陳良有傳　鄭定有傳　高廷禮有傳　王恭有傳　陳登

中書舍人兼翰林院侍書上七人長樂　丘兼善工部郎中　孫
瑛吏部郎中　林復同知　汪大賓廣州經歷有治才用薦擢禮部
員外　陳時可更名興知縣　陳賓國子學正　陳宗讓
州同　孫端刑部主事八人連江　陳珪教授　陸引有傳
周桓同知　周仲和提舉　黃于祥郎中　彭德新
州判　陳鈞縣丞上七人羅源　蕭惟大廣東副使　謝
次文　林惟芳俱縣丞　王文遂同知　黃耿縣丞
陳景德知府上四人永福　林鴻有傳　王國明州同
李琯知縣　莊希俊親終廬墓烏巢其上所著擊壤集官臨洮同知

莊伯鏞僉事　楊希孔教授　趙武知縣　朱榮

朱安俱縣丞　陳昇知府　王孟有傳　何睦考功監令

夏大和國子助教賜詩榮歸　魏中叔國子助教　王師孟

知府鄭英有傳　林景俊　陳嘉俱縣丞　陳得

大陳英俱知縣　陳政同知　潘騶知州　陳鑄

御史林禮布政使上二十人福清　葉原賀廣西僉事　蘇

伯厚照之子有傳　楊恭叔興兄文叔齊名元冠甌鄉試國初用薦歷

寧建安二學訓導　蘇仲簡伯厚之弟崇安訓導　張有年名昌

齡僉事本省上七人建安　黃勝知府　黃溥員外　趙友士

國子助教三人甌寧　黃谷華通判　葉子茂僉事　吳節
吏科給事　黃瑞知府　陳彥名知縣　徐善安僉事　熊
潘至善撫州知府作科不擢　徐彥箎知縣上八人浦城
圭訓導本縣有作人功　王相以神童歷官給舍御史有謇諤風　程
蕃教授　范宗諒員外郎上四人建陽　柯子遠知州　龔
遂从知府　劉銘主事三人俱松溪　杜圻本之孫訓導
彭時中　方仲文　游福俱知縣　陳帝同知
張仲誠知府　宋明善知縣　藍智有傳上八人崇安
余應政和人有傳　吳源　林廷珪州同　傅

鉉教授　楊曜宗有傳　陳賜教授　莊濟翁夏四世孫授知縣官終員外郎上五人俱晉江　謝原惠安人紀善　顏辟雍兩浙運同　顏嗣經歷　陳德輝通判　宋旻國子學正　陳景祖教授　梁仕榮經歷上六人同安　賴以仁德化人縣丞　陳道安溪人知府　楊迪即永春人同知　趙士亨晉江有傳　黃存中禮部尚書　張彥宗按察司經歷三人惠安　詹德安安溪人縣丞　黃永永春人少為諸生謫吏戶部以人材舉官至廣信知府尚書光昇其玄孫也　許由衷主事　王廷遂縣丞　許得祿經歷　涂益員外郎　鄧伯原

河南參政徐元和湖廣僉事陳孟貞河東運使致仕永樂間復

掌金華府事孟貞居官廉慎屢乞骸骨洪熙元年致仕趙以衡知縣

蘇原茂知州胡士蒙教諭上十人俱龍溪陳文輝漳浦

人給事中林彥良教授徐永祿經歷鄭文遂知縣

林子祿主事鄭文善教授張友德經歷上六人龍岩

陳顯道戶部郎中李原道通判張智縣丞三人南靖

廖善一通判曹嗣光知縣寧洋二人雷文甫通判

官墀運副張英縣丞李隆提舉上四人長汀張惠

甫本縣教諭羅元正知縣張震太原知府張壽才

教授上四人俱寧化　林秀山　劉秀實俱同知　胡時
訓導杭郡有作人功　丘子瞻武平訓導歸邑人重之　吳湘戶部
郎中　梁真州判上六人俱上杭　謝文富武平人知縣　羅
銘教諭　陳定通知縣二人俱清流　王得聞推官　鄧
希瑀同知　沈得輔縣丞三人俱連城　王富歸化人縣丞
胡子俊訓導上杭　賴以德知縣二人俱永定　孫伯梃
教授　朱漢員外部　尤明知縣　尤英山東僉事　周
謨浙江僉事　鄭克敬有傳　何琅經歷　趙信縣丞上八
人南平　蔣愉教諭　潘得厚同知俱尤溪　鄭伯陽

王巨謙 俱尤溪縣丞　王子罕 御史　張允厚 知州

許金玉 州判　吳敏之 陝西參政　魏仲敏 四川參政

鄧汝錫 知州　陳允嘉 縣丞　羅成 主簿　劉子初

陳均安　賴仲行　羅彥榮　陳存道 五人知縣

張公孫　徐世昌　俞子成 三人縣丞　張震 教諭

上十三人沙縣　廖希曾 知縣　徐原白 經歷　吳宗海

知縣　杜思言 同知　力宜 縣丞　黃節 教諭　謝文

夅 州判　連軒 縣丞　張智先 昇之子官終司禮部侍郎　葉

黃立　甯光遠 知府　陳均仲 知府　張禮 縣丞

黄子良經歷　陳濟推官　江以信推官　俞景原

知事　張惟實知縣　楊永進縣丞　楊全知縣　連

軒縣丞　潘善縣丞　盧良希知淳安改青縣以建文舊官謫戍諸

志俱誤　李巽縣丞　張益知縣上十人順昌　鄭克敬

有傳　張可大知縣　鍾彥善兵部主事　鍾彥良教諭

吳林推官　蕭清戶部郎中　董良善教諭上七人將樂

王景弘靈臺郎　官信營繕所丞　上官子齡知府三人

邵武　趙玉知縣　吳森主簿　梁用縣丞　官誠

江馬鹽課副使　梁舉善　梁頎訓導　李宗富主簿

李留根　曾伯輿署學事　江均實知縣　梁禮

教諭　楊珠知縣　江兆通判　江仲本知縣　游兆

知縣　官柔倉大使十二人甌寧　王伯彰知縣　官彥銘

巡檢　何貴芳　江子實巡檢　姚仕瞻主簿　李

伏生吏目　婁陳　劉瑎翰林院侍講二人光澤　謝子才

教官　方楒生字時舉元季不仕與邑人士為壹山文會用薦本府訓導耆志

莆陽人物被證卒　林廷綱給事中還中書舍人　宋霖縣丞

鄭相　李孟俱給事中　林圭教諭以壽終　林望縣丞

林愿御史　陳士中江西僉事　陳孔彰知縣　陳右

淞縣丞　陳彥廣東僉事　李廣文知縣　徐原畊知縣

彭子良通判　陳士原　陳遂初俱知縣　鄭萬

井縣丞　趙允修知府　宋貴誠福州府同知　陳立

誠知州　丘伯安教諭　方弘敬教諭　陳賢南康教諭

永樂中預修大典改湖口教諭致仕　林彥實教諭　顧文有傳

黃安戶部員外　陳熙訓導　劉晟知縣　陳彥回有傳

林希教諭有時名　林珪訓導以子恩贈知州　鄭彥成閩縣

教諭以清介聞其學尤邃　黃性訓導以子畊初贈給事中　方夢

國子助教　林希悅布政使　黃伯厚試策第一以疾丐歸

黄慈同知　高鵬舉縣丞　林英員外郎　楊珏都督
府斷事　徐廷選縣丞　林彥質知州　錢大年縣丞
上三十五人莆田　陳宗顏陝西右布政使　黄希平教諭
陳文獻國子助教　鄭以祈國子博士　鄭景周教授
陳仲遠　張希祥俱知縣　蔣悌生本州訓導著五經蠡
測　薛伯遂教諭　陳德良教授　林用文經歷
莊宗玉推官　蔣宗文通判　俞得勤知縣　吳德
進教諭上十四人福寧　陳孟龍廣東僉事　陳景壽御史
龔彥文教授　鄭禮賢縣丞　黄得章都督府斷事

林光祖縣丞以孫聰贈右都御史　楊新恩縣丞上五人寧德
吳註縣丞　陳塏國子助教　林均爵教授　林子初
四川僉事。上三人福安
永樂洪熙間　葉光閩縣人有傳　王健侯官有傳　鄭
觀　周伯陽知縣　夏昺教授　陳機知縣　葉仲
得知府上五人懷安　黃子陽主事　謝正道御史　鄭
什序班　吳達夫知縣　陸德主事上四人古田　林尚
志禮部員外郎。　李元清知縣　林聰僉事　戴岳知縣
許伯原縣丞　高時外同知　潘璹布政使　陳琪

縣丞　陳禹知縣　董玘魯府紀善　蘇文鉞國子助教

周清　林谷祥　陳夔　陳輔四人知縣　戴莊

初名壯賜今名都御史　陳合祖知縣　陳漢卿秘書監直長上

十六人長樂　林定御史　陳賢春坊　林士貞知縣

黃克剛縣丞四人連江　阮宗大同知　余日新知州

翁海知縣三人羅源　林叔載知縣　韓廷載知縣　林

布曾同知三人永福　林泰國子博士　王原知事　李宗

延通判　蕭福樂安典史以清慎聞推御史　劉子善經歷

薛德衡縣丞　歐惟清經歷　鄭伯淳知縣　項外

斷事　郭原河南參政　梁壽經歷　戴長生運同知事

林嘉通判　曹茂縣丞上十四人福清　蘇鎰伯厚之子勳部郎中

楊壽夫父文叔以元魁漕試早卒壽夫育于世父恭叔以郡守茍麟存本省歷翰林

編修有時名　雷境以孝舉辭歸　楊伯安有傳　林原

禮主事　謝銘知府　楊伯祥留守知事七人建安　童叙

甌寧人以孝弃歸養　盧欽儋州判學行有聞于時　李文我訓導

熊圭訓導本縣　李遠知縣上四人建陽　丁同學者稱白雲先

生累薦不起　余畝以孝聞　林順舉孝廉不就　雷泳

知縣上四人政和　江希縣丞　嚴進誠知縣　李柔縣丞

陳友貢以楷書修大典　游安知縣四人甌寧　莊巽夏之八世
孫戶部給事中　莊進叔主事　張邦懷知縣　麥茂德
布政司都事　留濳夫知縣　柯世忠縣丞　楊與知府
蔡賢教授上八人晉江　黃中正同安人國子學正　陳珪
永春人知府　諸葛文有傳　張度御史　薛智縣丞
林懋知縣　魏紹文知縣　莊思古縣丞　蕭保給事
中　傅育縣丞　程羽肅知州　石義方知縣　孫
慶安　柯世良　衛濟民三人知縣　陳善監察御史
上十四人晉江　林宗奇僉事　林原會同知　盧果鑄之

丁知縣　盧曷果之弟通判上四人惠安　黃均實　劉添

琪二人知縣永春　林和生　鄒育　薛克銘三人知縣

麥秀實知事　徐福祖以奇童舉上五人晉江　陳麟惠安

人主事　林原功助教　戴泰一知和州以清白稱　黃

昌吾紀善　陳溫知縣　胡宜衡大理評事上五人龍溪

陳謨德僉事　蔡琁同知　李善哲經歷　王彥楨

同知　單賢江西參政上五人章浦　賴獻民知縣　陳商

賢行人　曹見瑛監事上三人龍岩　蔣雲從知縣　李

觀祖同知　許存道教授　陳宗銘縣丞上四人南靖

鄧士元寧洋人金華同知　程元慶　羅宗海俱縣丞
陳純州判上三人長汀　劉子立教授　伍汝祥　傅
玄得　鄧宗祥三人俱縣丞　王繼晉知縣上五人寧化
周子信有傳　林英知縣二人上杭　陳伯堅清流知縣
盧德芳知縣　廖子忠知府　王友志知縣三人永定
伍清源連城副提舉　駱義南平人布政司檢校　王錫知縣
李文殊有傳　余閔州判三人將樂　吳謙有傳　吳得
寶州判　李景陽通判　徐添定　謝富縣丞上三人尤
溪　羅均輔知縣　劉鏗同知　陳德大知縣　王

孚縣丞　魏訓知縣　樂達　葉存政　魏良騮
俱縣丞　鄧文潛同知　吴用知府　徐均美主事
林源主事　陳海布政司都事　王仕良知府　范應
縣丞　劉子初知縣　魏質夫同知　楊伯崇通判
林光遠知州　樂岩歸知州　陸伯和　羅善
鄧聰恕　楊福善四人知縣　張公孫　徐世昌
俞子成　樂子畊　鄧祖　俞仲仁六人縣丞
陳宗順知縣上二十人沙縣　張泰順昌人以楷書奔　楊伯
崇通判　賴仲行　陳存道　陳福善三人知縣

李文茂知事　范應縣丞上五人永安　萬光祖經歷

張善知州俱邵武　官景哲　梁繼安　黃孟舟

危景知縣　高文通判三人光澤　陳仲顯中書舍人建寧

鄭景哲州判　黃約仲有傳　王伯時知縣　吳烈

教授鄭永恭經歷　徐邦獻知縣　徐士英州判

林珩知府　陳觀陝西參政　阮良玉助教　陳本初

御史鄭文華廣東僉事　余原積員外郎　林文遠

推官徐邦遜縣丞　陳憶中州判　蔡惟隨廣西僉事

黃積良知縣　黃士玉知縣　薛彥得國子學正　林

吉甫推官　方文熥主事　陳惟岳州判　鄭彥文

推官佘士元廣西僉事　伍衡知縣　陳彥立知事

鄭伯和知縣　王德和應天府知事　鄭自育主事

歐文器縣丞　郭恢州判　陳善継同知　黃善安

員外郎　陳文英知府　高獻民知縣　卓欽國子學正

朱應檢討　謝復縣丞　方福疇縣丞　鄭彥明教授

劉源縣丞　林以舟知縣　鄭進知縣　許美國子助教

陳慶縣丞　鄭隆都督府案牘　許景謨州判　陳渠

川縣丞　傅彥濟員外郎　陳友聰縣丞　林彥和

經歷　黃公俊縣丞　俞能靜知府　陳義方知縣
鄭俊得主事　李德忠知縣上三十五人莆田　張希文
縣丞　丘寧甫御史　阮德善　林孔殷　敎坦
榮三人知縣　林均福縣丞上四人福寧　陳可尚知縣
鄭榮縣丞　林伯祥推官　彭中同知　楊新恩縣丞
劉汝平知縣　劉景濟通判　阮進卿縣丞　陳彥
麟序班　謝流芳通判　黃執中知縣　林和通判上七
人寧德　林子初四川僉事　李景讓江西僉事　陳宗
德知府　陳萬頃僉事　程伯福同知　黃應昌知縣

高竹軒推官　林志遠縣丞　謝傑齊縣丞九人福安
宣德正統景泰天順間　林雲翰誌之子圓子李正有之風
王肇褒之子屢徵不起有傳　董秀教諭　林汝初　鄭
垣俱訓導　楊傑伴讀　陳文廣知州上七人閩縣　李
似龍州判　余源通判　車彥舉知縣　胡原振知縣
潘惟深縣丞上四人懷安　趙榮有傳　吳復有傳二人閩縣
王伯剛同知古田　張文登縣丞古田　陳弘道知縣
林慈國子傳士　謝辟　黃攀俱訓導上四人長樂　張璟
知縣　鄭琚經歷二人連江　陳忠獻知府　林惟賢推官

王偉教授上三人永福 李彥實知縣 陳孜知府 戴

彥真 蔡敏政 林信三人縣丞 戴儁知縣上三人福清

楊仕俊中書舍人 葉溥全華知府攺嚴州二人建安 童邦

彥熙寧人訓導 徐煥文晉江人御史 洪三友同安人通

判 高嵩有傳 黄德甫縣丞 趙應有傳三人晉江

彭用乾同安人縣丞 謝熙知縣 謝熢熙之弟知府

謝端熙之弟訓導三人俱邵武 黄孟舟光澤人江浦巡檢用薦知慈利

縣康慎惠愛民德之 黄子嘉壽生之子束鹿知縣有聲增秩致仕以壽終

鄭直方助教 鄭義彔同知 陳伯厚知州 林日

修 柳紀俱知縣 方孟誠縣丞 鄭伯宗 梁
士通俱縣丞 吳得善主事 李國賓知州 薛孔
華推官 李士宏工部主事 林定户部郎中 楊植宗
同知 蘇紀苑馬寺丞上七人俱椽授用薦擢官 李瑩以才辟未官卒
上十五人莆田 李龍仙遊人知縣 黄慶莆田人諸生謫吏部都察
院用大臣薦歷工部主事禮部郎中

閩大記卷之九　　山川考

山川考

二儀奠位一氣磅礴融而為川結而為山兩山之間必有水兩水之間必有山百川東注浩無際涯亦有屹立中流斷而不斷亂而不亂此其大較也

閩山海輿區僻在南服禹貢圖經皆不敘予閩産梯航所至頗測其源委群峯爭秀衆壑呈奇非更僕可數予故不著著其大者

福州城以三山名北曰越王郡之主山半蝸城外越山之麓有平山有冶山又名將軍其下有池為越王鑄劍處又有芝靈嵩諸山隱隆闤闠間東南曰九仙初名于山又名九日山相傳何氏兄弟九人居此得仙故名閩中記越王無諸九日所遊也山有峯曰鰲頂宋狀元陳誠之讀書于此故名其傍有王蟬峯小華峯平遠臺仙人麻羅馬巖棋盤石金積園青牛洞醉鄉石九日臺石龜池煉丹井獅子巖集仙巖磊老巖琴臺石門龍舌泉金粟臺梅嶺皆勝迹名人題詠甚多其支為羅山西南曰烏石又名閩山一名道山宋守程師孟所命也舍人曾鞏記其亭謂比於道家之蓬瀛云有峯曰薛老石刻倒書三字最高處曰隣霄臺其下有浴鴉池坐禪石天台橋勝靈岩金蟒穴金剛迹石天華巖岩即頭陀岩向陽峯橫山館宋社壇致養亭蟠桃

鵁天章臺天秀臺鱗次臺印石宿猿洞今出城外烏石之支又有閩山刻光祿吟臺字今
入民居總之有三十六奇前代真宮梵宇今多頽廢以宜修復二山浮屠聳
龍之角城外稍東曰青鵝越王燕集流盃于此曰東山
有榴花洞藍超逐鹿處有龍首澗許將讀書處有聖泉僧慷一卓錫處其最高
者曰鼓山郡之鎮山登其巔可望海有大頂峯小頂峯香爐峯浴鳳池朱文公
摘題汝愚詩句刻天風海濤四大字于石又有靈源洞為僧神晏喝水處正南曰
高蓋徐登仙處上曰方山又名五虎几案于前北曰昇
山任敖昇仙處曰鳳池曰蓮花斧依于後西曰旂
山最高聳左鼓右旂閩中二絕西南曰釣龍臺越王餘善釣白

龍于此趙汝愚有隸古南臺字傍為山川壇西北曰芙蓉有洞亘數里許曰雙髻有聖湯泉去城百里而遙曰雪峯蜿蜒四邑富長無暑有古刹真僧稱名勝今頹落矣西北二邑曰五華古田曰鍾南曰晢峯並閩清東邑曰首石曰董峯曰籌峯並長樂東北二邑曰雲居曰香爐並連江曰仙茅羅源西南邑曰磨笄縣之主山有極樂巖曰方廣巖有石室可庇千人天然奇絕黃非熊讀書于此曰高蓋山有二石室十奇徐登趙炳闡仙術于此並永福東南邑曰玉融縣之主山以邑名曰石竺在永壽里山多奇靈有笋可食名濟貧曰瑞巖在保安里有瑞巖大洞天又玉虛同

天章洞飛来巖懸石竇滴滴泉振衣臺望闕
臺義鹿塚休休廬大石佛閣諸勝名
曰雲峯（並福清）郡水自西北（古田閩清）接劍津俱匯
于螺女江（搜神記有謝端得螺說近妄）又下為岜江（古懷安縣
今芋原驛前）為洪塘（洪山紗峯之下舟航雲集居民鱗次江濆）石岜後
一港經萬安洪山諸橋入西禪與岜水合入
于臺江經鼓山下入于馬江（介閩長樂二縣）其西南
（永福）至者與諸水滙于楊崎又東折滙于馬江
出閩安鎮為琅琦金璝以入于海東北（長樂連江）
（羅源）諸水自入于海東南（福清）有十溪由大漳（永福）

入江餘自入海大都福郡西北萬山東南溟渤會城四山環合三江襟帶鉅麗之觀也

建寧之山西北自分水嶺而來銅鈸白塔最高瑞巖最勝其最有名者武夷為神仙窟宅崇安縣南三十里有萬年宮宋為冲祐觀其峯有三十六餘有名者不可指數周迴一百二十里九曲溪繚繞其間丹山碧水山以錢鏗二子得名道家稱昇真玄化十六洞天漢時以乾魚祀之世傳魏王子騫為仙祖奇蹟甚多宋儒朱蔡講肄其間增茲山之勝朱子有九曲棹歌云大王峯一名天柱一峯又號仙蛻岩魏王與張湛等隱此幔亭峯一名鐵佛障相傳武夷君置酒于此有虹橋板呼鄉人為曾孫昇真洞在大王峯之東前有黃心木縱橫

為棧險而不墜又有四船相覆以盛仙函洞下直裂一隙遥逾尋丈有丹爐其上投龍洞在大王峯絶頂宋時遣中使投金龍玉簡于此旁有天鑑池禅石又名望鶴臺在止止庵後仙羊岩在大王峯之西時現仙羊虎鼻岩在水中石有雨竅仰如虎鼻獅子岩鐘岩獅子觀音石有寶冠螺髻状兜擔石下有壽庵水光石在溪頭俱一曲鐵板障在大王峯之右馬頭岩状如勒馬三峯森秀中峯尤高巖玉女峯其色紅潤下有粧鏡臺仙冠石虎嘯名題詩巖在溪畔俱二曲張真君上昇峯一紫嶺峯革錢峯上有白玉蟾丹爐升日岩水樂石試劍石小藏岩岩半数處斷其上或架木板望之如櫛會仙石方平可斫坐二三十人架船岩在小藏岩側有船架岩三千歲不壞仙舘岩岩半有石室几案俱三曲仙機石宴仙岩與釣臺相對李仙巖大藏巖下瞰深淵鐔中有仙骨數函遇旱則鄉民就船架梯

以上取仙函祈雨雞窠岩在大藏之半間有仙鷄鳴此雲岩有石室可坐百人拜章臺有火爐天成俱四曲大隱屏鋭下夷上如屏朱子精舍其下接笋岩狀如笋立半有痕斷而復續羅漢岩以其頂髡骨露名下有石室玉華岩白石羅列如玉下有更衣臺平正如几俱五曲仙掌岩岩面有紋如人掌上為天游觀三層峯三峯鱗疊斜倚雲表陷石臺舊有石堂院宋天聖間一夜雷雨陷没今石巖横絶僅可容足仙跡岩與仙掌岩相對響聲岩人笑輒應俱六曲北廟岩如廊廡猴藏岩鑄錢岩有石梯棧層城高巖山高峙如城壁上水龜石俱七曲鼓樓岩極高峻岩間有樓四極無路可登晉有昇爐仙蜕函天臺岩在鼓樓岩側數峯環拱中有道院石泉極清下水龜石猫兒石鼓子岩兩峯屹立有石如鼓大小面相向如人魚磕石將湖石俱八曲雲峯下有玄都觀靈岩一綫天兩岩相倚數十丈

中有銹天光隱隱如線洞中可坐數十人又名風洞鐘模石高数十丈圓如鐘形大小廪石二石卓立如廪俱九曲又換骨岩在慢亭峯北水簾洞去武夷十里許三姑石齋雲峯俱九曲之南水簾洞九奇曰西山曰雲谷並建陽以儒得名郡治主以黃華城東北賓以梅仙有梅福丹井鐵獅在紫芝之左蹲其南白鶴楊榮讀書處翔其東宜君之溪有歸宗巖最勝東北梨嶺西來曰蓋仙周迴三百餘里界江浙閩三者曰漁梁並浦城東偏三邑曰獅巖曰鷺峯延袤百里曰湛廬並松溪曰籌坑曰大風曰洞宮並政和曰叢珠壽寧建水西北自崇安諸溪

來者接九曲仙源滙于潭城之東溪其西有考亭芹溪出朝天橋為交溪並建陽東北自浦城諸溪來者至葉坊合建溪歷萬安洲為郡之西溪自松溪巖下而來合政和壽寧諸水滙郡城為東溪二溪合流而南入于劍津石激流迅駭心奪目不可悉數也

邵武之山南來逶迤至於茶花大杉俱泰寧為樵嵐樵水出焉為登高又名熙春為西塔又名金鰲雄峙于西西自極高嶺北轉鐵牛雲際珠寮並光澤一脈

南下為金山為象山俱以形似名屹立于東道峯亘百餘里為群峯冠南午峯有三七臺跨汀延建三府上有七臺歸然于南屬邑杜有黃茅岩玟环峯高出雲表跨三邑並光澤南有鑪峯金鐃周迴百里四寶蓋巖瑞光巖俱泰寧望君棲龍歸障三仙巖俱建寧縣郡水自西北杉嶺發源滙于杭川光澤大溪經大乾繞郡城北接樵嵐及西南諸水入于樵溪南下順昌富屯凡五百灘泰寧水入郡治皆支流其經流于南上接建寧縣水入于將樂亦多險灘

汀州在萬山中層崖叠嶂不可名狀郡治周遭
有卧龍郡之主山下瞰城邑鷄籠城北翠峰城東北壁立千仞雙
峯城南東蒼玉洞在東禪寺僊隱洞在雲驤閣外七邑有
翠華西巖城門障俱寧化金山七峯雙髻仙女
巖俱上杭靈洞大小洞六十四有南安巖在縣南定光卓錫處俱武平
龍山豊山玉華嶺有洞甚奇邃俱清流蓮峯亘數十里官置三寨其上
石門巖二石峙立萬仞鷲峯巖有瀑布與石爭奇俱連城門娥眉
在縣治南滴水巖在縣北仙人壹水出焉紫雲臺在縣東俱歸化銅
鼓虎岡俱永定其水則郡東南有正溪匯東西

南北四溪水歷五百灘入于潮州自潮入海郡水南流如丁字合丁與水以名其郡諸縣水寧化有六派東至清流大溪環抱縣治經漁滄潭（在龍津橋西岩有石）出九龍十八灘（六龍在縣東南三龍在永安灘最險）趨沙縣以入劍津寧化小水與歸化連城水俱入長汀趨于江廣亦有出將樂至順昌與沙溪合流入劍津武平上杭或入于汀或入于漳不可悉叙

延平任建邵之南汀漳之東郡治黼扆有龍山

（城環其巔山勢入雲）其盤于東曰行仙（一名含源行仙居此）其踞于西曰天柱九龍几案于南曰九峯（在鄒浦里諸山之冠）曰展旂曰金鳳屬邑西北曰西臺曰太陽（並將樂）曰赤珠曰紉山（並沙）曰華陽（三峯並列上有石門）曰梅仙曰七臺（跨邵武諸縣並順昌）曰栟櫚曰黃楊巖（並永安）西南曰伏獅曰雙髻曰仙靈山（有十並尤溪）奇曰太素曰靈惠叢曰蒼玉洞（並大田）其水東北建溪來者經黯淡灘（城東五里最險宋嘗鑿之上有廟舟人過之必禱）為東溪西北一派清流來者歷燕次九龍至沙溪

口又一派將樂至者俱入順昌界其經流自樵川入順昌者接二派滙于郡之西溪二溪合流而南為劍津（雷煥子珮劍至此躍入水與張華劍合故名）在閩上游並趨福州其最險阻何可勝道也

漳州郡治之山北曰隆壽（郡之主山）曰紫芝（一名登高有半漳臺）南曰獅巖（峯巒奇秀延袤數里）曰丹霞（峯石皆赤）西曰岐山（與鶴鳴聯峙三峯秀聳）東曰龍山（在二十五都）東南諸邑曰梁山（高數千仞周迴百里）曰大武（並漳浦）曰良岡曰天柱（並長泰）西北曰紫金（龍岩縣西壁立千仞）曰甌寮（周迴百里）

曰金山（並南靖）曰三平（凡十一奇岩谷清邃而和平）曰九星（九峯疊聳中有石窟水旱不盈涸漳平）郡治之水有九龍江（即柳營江）遶郡城接南門溪（今屬海澄）諸水注于海東南諸邑漳浦有漳江（八都）海澄有月港（海舶所萃多奇貨）自入于海西北諸邑或入于汀或入于延或入于泉門出郡城入海

泉州之山自仙遊九座盤礴入郡境復西南行至雙陽（一名明山）又折東為北山（一名泉山又名齊雲郡之主山也登之如在天上歐陽詹讀書于此有深源同百丈巖）西南曰紫帽（凡十

二峯曰羅袁（有龍湫六井泉脉貫通）南曰寶蓋（在永寧里上有石塔）郡治之四山也屬邑有国山五峯（並安南）大輪（兩峯特起如車有輪）福船（俱同安）鳳山黃蘖（並安溪）大羽樂山（並永春）天湖（有十二峯其巔為天池故名）九仙（並德化）泉之水附郡者晉江（晉時南渡衣冠避地于此故名）洛陽江（城東二十里唐宣宗稱其類洛陽故名蔡襄作橋其上）晉江納南安永春安溪水洛陽江納晉江東北及惠安西南水南安有金溪永春有桃溪安溪有藍溪皆入于海惠安同安諸溪亦自入海德化永春上流

隔高壠縣東水入永福界以達于海縣西水
過尤溪界轉永福以達于海
興化郡治之山西南曰紫帽奇石蕞聳可並陳巖稍北曰
烏石有東巖三峯亭寺東南曰壺公蟠數十里高踰千仞狀端士搢
笏而立相傳有陳胡二仙隱此故名更為壺朱子謂莆多賢為此老作怪後曰轂
城下為黃石鎮西北曰九華一名陳巖郡之主山東北曰囊
山山有辟支巖其下有寺莆之名刹稍西曰五猴五峯並峙又名雙髻仙
遊之山曰大飛曰小飛縣之主山屹立為二其高千仞曰何
巖以何氏九仙故名其湖曰鯉湖水曰仙水縣曰山遊天下佳山水未有若此者四方

謁夢接踵而至曰潯陽有峯三莆水入海者二具木蘭

延壽二陂水利中海潮入于浦港者四一自下黄竿過三江口至杭頭與溪水接一自上黄竿入抵涵江去城二十里俗呼興化好涵頭一自碧頭入抵迎仙港又南一支最大繞壺山背循吉了嶸嶼西至仙遊分為二一入楓亭有驛曰太平港一入雙溪交流經緯一覽而鏡也

福寧山水發源自温處二郡州北芠陽在十四都來自泰順勢特峻拔望海嶺山勢極高鉅海百里龍首山

有石澗臺疊疊蒲宸最高處曰聖水二山合一天造神奇上有井廣丈許東北大姥在十都舊名才山容成棲之尧時老母種藍仙化因呼太母漢時改母為姑有三十六奇峯詳載謝肇淛太姥山志東山栢陽有任公岩崒嵂乾亥之間西有展旗以形似名合為十奇三台水漈玉几于前福安之山曰靈巖薛令之居此曰鐵仙嶂三峯秀特寧德之山曰白鶴有石奇拔如鶴展翅其高千仞官路往来必由此嶺其東即縣治曰霍童縣北十二都神仙霍童居之稱霍林洞天司馬承禎修煉于此又名鶴林偽閩封為東嶽曰支提有寺霍童别支境多灵異州境舊名長溪東北去海百里而遥西南六

十里而遥松山十里而近澗水隨山而下潮水逆流而上其區域左羸右縮既斷復續福安有東北二溪或出慶元或下壽寧其環遶縣治西流入黄崎鎮王審知所鑿名甘棠港遂際于海寧德有官井洋滙諸溪數百折乃入于海閩海南界廣潮北界温台歷漳泉興福諸郡千里而遥鎮戍聯洛潮汐所從入不能悉記也

閩大記卷之十　風俗考

風俗考

記曰廣谷大川異制民生其間異俗風氣所囿習俗各殊其來尚矣班固乃言上所動為風下所尚為俗非以俗因于風轉移化導之機唯有位君子哉予故考閩俗今昔異同備觀民風者采焉

福州山海奧區五方雜處膏壤衍而生齒蕃東南一大都會也士大夫砥行立名聲冠婚喪

祭間用古禮細民安土樂業而多信鬼崇浮屠自閩越及偽閩王氏已然然畏法習事重為邪至聘嫁競豐侈則不難破產宴士大夫家倡之所屬邑長樂福清科目鼎盛長樂儉朴福清工商散出而訐俗與古田等埒羅源椎魯連江儉質不用浮屠永福閩清勤農業鮮末作而永福好訟閩清好巫福州以西邇流而上三百里惟延平

延平七閩之襟喉也山陡峻水湍悍其民狷急

然質直遠竒裒雖鮮四方賈販能惡衣食致其畜藏士樂絃誦重禮義猶有先儒之遺風屬邑將樂尚氣輕生婚喪過奢重去鄉井商賈工伎沙縣多尤溪少順昌懷刑寡訟殆異永安大田之剽悍儉勤誦習多同于郡延平東北百里而遥惟建寧

建寧山水竒秀舟車輻輳閩粤一都會也其民尚氣辨等威多機智農力田作有桑麻茶笋之饒居市廛稍習浮侈士好文務華擯實大

儒之風閒有存者松溪政和壽寧習儉服勤
建陽浦城崇安稍文雅而浦城訐訟大都東
三邑質勝其文西三邑文勝其質建寧西北
二百里而遥惟邵武
邵武其人朴茂儉嗇性獷直尚氣節然信巫多
淫祀至喪祭用古禮可尚已所屬邑泰寧健
訟喜鬭頗崇文儒光澤椎魯少文極纖儉建
寧隣楚藩相競奢靡又去郡遠易動難安邵
武西南三百里惟汀州

汀州陽通二廣陰達三楚甌閩之遠郡也山複險水悍急其俗剽輕易發怒雖鮮商賈島居安漁獵山居任耕織總之愿慤少文士夫崇雅好誼恬於進取上杭清流二縣富饒侈且好訟歸化崇浮屠鮮文藝槧與武平等土瘠民貧纖嗇勤山種連城永定之俗則然勇悍輕生寧化閩有之汀州迤東三百里惟漳州

漳州閩會極邊瀕海矜慎忮囂訟難治淫祠淫戲其風未衰人文於今盛矣漳浦為諸邑冠

龍岩漳平長泰南靖詔安平和大都悃愊無
華地僻商賈不通也海澄新邑珠璣犀牙珷
瑁香布之屬輻輳漳泉人以海舶為利孔罪
胎由漳三百里東北惟泉州
泉州山海環抱地廣饒閩南一都會也其民尚
氣好勝慶問梹榔為禮宦門子弟紈綺相高
近時科目甲諸閩然巧進蒙譏士大夫間以
名節自重所屬縣風習不殊人文自晉江外
推三安安溪則掌地成田永春德化萬山中

土瘠民貧古風未替特信巫屏醫其所蔽云

泉州東北百里而遥惟興化

興化山川秀麗幅員不長民皆窳薄生業其秀者理詩書事遊學士大夫以名節相尚人文之盛向為鮮儷俗崇儉質即世家不厭布素邇來為紈袴習科第少衰仙遊距莆不遠俗頗殊興化東北二百里為會城又北三百里惟福寧

福寧舊隸福州其俗相類州西北依山東南際

海魚塩螺蛤之屬不待賈而足雖荒歲不饑亦鮮千金之儲島夷入閩最先被兵其地然、也邑有寧德福安俱習纖儉總之視諸郡較實不浮云

元旦夙興盛服謁祠序拜稱觴後遍拜親族隣里謂賀歲拜墓罷市閭門數日為節假

上元沿門懸燈通宵遊賞謂之燈市自十三日起至二十夜止社眾鼓樂張燈設醮謂之祈年又於是日前後筮吉延師以教子弟往時師道嚴重其後禮意寖衰寒儒苟就師席子弟無復曩時醇謹矣

清明具牲醴拜掃墳塋又于是時里塾諸生延師于名山勝刹飲燕謂之光齋

端午　挿艾門楣，薦角黍于先祠，繫五色線，飲菖蒲酒，競渡繪龍舟，託言弔屈原。人衆飲食盛，其費不貲，且啟鬬爭，近有司多厲禁。福州以四月為節，不知其由云。

七夕　兒女羅酒菓于庭，瞻拜女牛星乞巧，興化則擎土尾于門首。

中元　潔廳宇，設祖考齋筵，作盂蘭盆會，仍以楮衣遞位焚獻。女子適人，修禮于故父母，往來充斥道路，名送紙衣。是月十五日以前，夜設齋供，施冥途逋寃。好巫信鬼，邇來最甚，清明亦然，中元尤夥。

重陽　登高臨賞，飲菊酒，挿茱萸。興化于是日皆展謁丘墓，福寧則求福神祠，然諸郡蒸糕饋節，獨福州仍異角黍如端陽，不知其由。

冬至　節前隣里族戚更相饋遺，至日粉米為丸，薦拜祠堂，如獻歲之儀，又粘門楹間

取其圖以達陽氣民間不相賀

歲除 先期親朋相饋遺謂饋歲具牲醴祀神謂別歲相與宴集達旦謂守歲換桃符寫春帖易門神謂從新其夕燔柴以代爆竹

食貨考

予讀塩鐵論未嘗不輟書嘆也民所資生惟食若貨聖人分土作牧俾其養恬熙休山林川澤之利盡弛諸民無所與焉桑孔獻諛始開利孔為民罪梯賢良文學侃侃爭之有味其言矣閩故瘠土毛實不登于禹貢瑞帛不輯于周迄山藪産殖力作口賓事居遠往其中無他奇贏故不議榷即有土利輕齎貿易

盡入江浙要津閩已少容蒐山涉海手口徵物何以勤于執事也往聞販夫所肩瑣屑菫菫克稅嗟號棄去撫按兩臺為首議罷榷仰窺

聖明師古裕民至意于故考諸物産可附鹽鐵論著于篇珍玩奇卉間有之弗可詳也

物産之屬十有四曰穀曰布帛曰果實曰木曰竹曰茶曰蔬曰藥物曰羽曰毛曰鱗曰介曰蟲倮曰貨殖

穀有五環閩皆山刀耕火種所産粳秫稻其名甚夥夏種冬穫惟一收平地之農為洋田早晩二收早稻春種夏穫黃芒最佳晩稻季夏種仲冬穫利僅早稻之半澤農八月一收謂之洲稐以其耐潦也三農生百穀不其然乎若芝麻菜子黃黑綠白荳大小喬麥與黍稷屬有之不如北方之盛

布有夏冬諸色此中多麻枲罕種木綿夏布曰繐長樂建陽邵武將樂俱細土蕉土葛在

在有之第不甚精若綿布悉自他至
帛蠶絲所經緯有土絹改機絲布線絹草緞
帽緞之屬皆出會城漳絹莆絹間有之欲如
吳紈蜀錦美好無有也以絲出湖蜀此地所
產盡不佳矣

果實多品荔枝龍眼橄欖香櫞四色獨下府
所產以地溫煖而此四種俱怯霜雪也桃李
楊梅枇杷西瓜雪梨柑橘菱角藕柿棗甘蔗
之屬他郡俱有沙果胡桃菩提菓人面果間

有之烏梅之用普于四方

木如松檜栢樟槐柳桐楝檉檀柟楓相思冬青之屬他郡皆同獨榕生會郡其蔭數畝稱榕城云杉木出上府集于洪塘可備宮室之資為利甚溥

竹類甚夥閩多山藪其利不資與渭川千畝等埒然阻嶺嶠不能遠致也東南竹箭亦可為貢

茶出武夷其品最佳宋時製造充貢延平半

巖次之福興漳泉建汀在在有之然茗奴也

蔬有菘芥白菜油菜芥藍菜菔萵苣俗名萵倭笋葵即葉荇蕹菜蔓生出東夷用甕載其種以歸故名水芹蔓菁菠薐苦蕒風菜莙薘菜茄莧絲瓜葫蘆蒜韭葱蕹薑芋薯蘋石花海藻紫菜鹿角木耳香蕈蕈菌即菰有毒之屬大寧城市有肉食者鄉民多菜色耳

藥物有地黃牛膝薏苡天門冬麥門冬黃精九蒸九出浦城晒細辛款冬花茴香茯苓茱萸草决

明紅花香薷連翹何首烏春生苗葉相對根大如拳雄赤雌白

紅顏黑髮山藥香芎半夏使君子天南星蓖麻子

牽牛石蠶車前子即芣苡前胡枳殼山突索瓜

萎薄荷茺蔚子一名天麻俗呼益母草澤蘭金櫻子桑

螵蛸香附子菖蒲蒼耳商陸荆芥枸杞紫蘇

豨薟草宋張詠有進方丁公藤千金藤金線重樓紫

花地釘之屬皆低品其善藥悉自川廣遼陜

至

羽之屬有鷄鵝鴨翡翠錦鷄雉鸛鸕鷺鵁鶄

鳧雁鴛鴦鴐鵝蝙蝠鵜鶘鶞鴿鳩燕黃鶯白鷳鷓鴣信鳥白練鳥鵶喜鵲鷹鳶淘河（似鵞其膏入藥）鸇鴰白頭紅娘啄木布穀鵪鶉百舌山呼吉吊畫眉伯勞山鵲黃蜂訓狐之屬不可悉書城中惡少好畜鶉鴿嬉逐相競最敝俗也

毛之屬羊豕犬牛馬驢騾豺狼熊羆麂麅猫貍（香狸九節玉面最佳）猴猿鹿豹猩猩（人形生連江五峯山中）野猪豪豬（白毛大如笄而黑端）山犬山羊山牛水獺竹鼺鼯鼠田鼠之屬山谷中有異物不知其名惟

虎與駁馬歷歲為患，今稍衰息

鱗之屬

龍 潛深潭中神變叵測鱗虫有三百六十龍為之長閩中往往著奇蹟

鱸 產于江中與吳松並美

鯿 味美不亞槎頭

蓮魚、草魚、大姑 已上三種皆塘鱗

白力 產江閩

⿰魚封鯽 伏泥中性溫江海溪塘皆有之

鰻 海魚冬盛春生者有毒江閩所產呼為狀鰻其味尤佳

鯧 俗呼鯧扁

鱔 產田中能乘雨水上井

鮐鮎子魚 出興化潭中其味甚美與鯖魚相似宋太后嘗食秦檜妻以子魚檜用鯖魚進其姦狡類如此

鰣魚 初夏最盛不入貢

鯰 味如鰣差小

銀魚 洪江所產色白味佳

魿魚 類黃瓜頗鉅

鰈魚 即比目魚

海鰌 軀體甚鉅能呑舟

沙魚 初生隨母浮游海上有驚則入母腹中

馬駮 夏月

最甚琉球人以其脊為鯀**石首**其首有石故名俗呼黄瓜其色微黄也此魚冬月盛

甚閩人尚之以為鮝不及寧波**鯫**冬月為盛其味若鱸**魟**　**[魚規]**一名河豚江南人嗜

之以味美也然有毒能死人閩中罕食之**帯魚**冬月最盛一釣則啣尾以升市

者如雲上四府皆載去**烏魚**産海口鎮東力能跋扈其味甚佳不可多致**鱅**

雌生卵雄吞之成魚青色無鱗**金鯽**色能變幻可蓄盆中供玩俗呼盆魚**鮶魚**

能以鬣刺水蛇食之**闘潮**乘波霧集故名**海燕**有肉翅能奮飛海上**黄雀**

冬月最盛**貼沙**身廣而薄少力細鱗其色稍白詩謂魴魚頳尾魚勞則尾赤也俗呼

貼沙以形似名**章魚**海物腹圓口在腹下八足聚于口旁足上有文如丸江賦所謂

森衰垂翅者是也**石拒**似章魚而大居石穴中捕之則以足粘石相拒**烏賊**

（俗呼墨魚八足絶短集在口縮喙在腹懷飯含墨遇大魚輙噀墨溷水自匿小魚則吐墨以迷之性嗜鳥每抱水面伺鳥下喙則卷而食之亦常物而異質之者）鮀（本名水母浮漚所結也形圓而大有皮有乳浮游水上且多足而無目蝦附其足蝦動則沉于水中謂水母無蝦即此意也）蝦（其類莆庶蘆蝦最美産于吳航漳郡六龍蝦甚大以形似名土人珍之）鯉魚、（江産有三十六鱗夏月最盛未閩化龍者）金魚、（其色紅黄即大姑生子為日所晒者）句魚、（江海俱有之）鯏（朱色有斑其味不佳）鮃（有五色亦鯏屬）鱖魚、（海産其類甚衆皆可食）鯔、棘鬣、赤鬃、方頭（並海物以形似名）鱂魚、黄彡（類田瑟江産）鯇魚、鮆魚、琵琶魚、（以形似名）緋魚（其色鮮紅）鱴魚、（其形類錢之丰有五色文）魟魚（形圓如扇）

無鱗紫黑色尾長於身能刺釣人白鰾形圓而薄有似於錢青鯪類黄椎魚不甚大骰魚細小如骰味美泥猴魚即鰫魚也其大如梅鬚鬣青斑色生泥穴中夜則駢首朝北形如蛇類耍魚鹿角芒角持戴故名

介之屬龜黿江海所生其大者能鼓浪海上又有巨首前足兩翅色青碧尤異常鼇海物最巨鱉俗呼脚魚穿山甲一名鱗鯉能治白蟻蚌硯多産洪江供細民日食蛤鱟腹下有十二足尾長殼厚可為瓢雌雄常相負取之即成雙蝤蛑俗呼為蟳有殼斑者為虎蟳蠘蟹彭蜞彭越擁劍蘆擒千人劈蠣房附石味佳冬月最盛其殼可然為灰車螯蚶有大者殼可為器其小者取名珠蚶味尤佳美蟶沙虱蛤蜊螂蜆翠翠

以色名味美形如蛤差薄沙蛤產吴航俗名西施舌其味最佳殼菜一名海夫

人烏粘海膽石决明即鰒魚王莽所食者石華海月色白

如鏡土人以其殼飾窗牖其肉如蠣房謝灵運詩揚航採石華掛席拾海月即此

石刼俗名龜脚石帆將軍帽以形似名烏投其味甘形似烏粘殼

堅厚沙筯螺田溪江海所生巨細不一其大者殼厚而堅可飾器物為酒杯入貢

蟲倮之屬蠶食桑作繭有土絲之利蛇種類不一蜥蜴似蛇有足

其色青碧俗呼杜蔙守宮又名蝘蜓鼉黿俗呼蝦蟇蟾蜍其酥入藥蜘

蛛蟬蜂胡蝶蚯蚓螳螂蜩夏月鳴者蝎蛣蜣螻蛄

蟋蟀螢腐草所化夏夜有光蟻種類不一螽斯即蝗為轂災者蠐螬

閩大記　卷之十一

石鱗 一名谷凍產深谷中其味甚佳土人持炬宵往群坐石上觀火不動盡掩取之

水鷄 類石鱗差小土人取食之 黃鯽 形類水鷄可食 青鯽 即鳴蛙不可食

田瑟 似魚多刺 泥鰌 產水田中夏月最甚亦可食 泥笋 生海漳中形類蚯蚓僅半寸味最佳 龍腸 泉郡海中甚多形似泥笋差長 海粉 燕窩 二物珍美不知其由 龍虱 海中水虫形醜味美 蠨蛸 蝸牛 有角粘壁而枯者

班猫 能治顛犬所咬 蜈虹 蜉蝣 白蟻所化朝生暮死 水蛭 俗呼馬蜞

蚊蟲飛蛾蒼蠅其細者不可殫述

楮有竹紙數色白出順昌黑出建邵諸邑以新竹作絲煑石灰為之其用普于四方若官

綿色箋皆自江浙至（以下並貨殖）

靛出山谷中種馬藍草為之皆上府及温處流人所作利布四方謂福建青紅花亦有之但供此土染工耳

糖産諸郡泉漳為盛有紅白及氷糖商販四方貨賣種蔗皆漳南人遍滿山谷候官有甘蔗洲今不復種

銀産福安古田各縣礦如生鐵須煅煉再三方可用坑冶有厲禁不得開温處流人多盜

礦無所得四方剽掠用官軍戍之若金若銅若鉛若錫皆非此土所產

錢用上府皆唐宋大錢如泉布流通郡人便之下府人不用錢以漳泉盜鑄雜鉛錫為他巧也萬曆間命官置局鼓鑄期於必行然用錢則賭勝如林往往破產無可奈何

鹽出福興泉漳濱海七場晒日以成最苦陰雨轉運司督課賣邊召商開中關津把截私販有禁拒捕者繩以重典然行鹽之地不越

本省課視淮浙大不侔矣

鐵產上府尤溪為盛貢課之外轉市他省以利器用甚夥

酒有佳品如建陽金盤菊浦城河清順昌五香燒之屬亦不能角勝四方造酒紅麯出古田白麯在在有之

硝以糞土煆如塩與硫黃皆火藥之需

器用梓匠瓦埴之工江浙人多精巧若陶磁之美悉至自饒此土所出最觕

書籍考

予稽史氏藝文志蓋歎其書目之盛云宣聖歿而微言絕秦火熄而異論興由漢以來著作家亡慮千億存肆當世堇堇豈所論次盡孟浪無當哉為之而傳與否有幸不幸焉建陽而坊以書為市宇內子衿家傳人誦之唐宋而下學士大夫山澤之癯甕牖繩樞之子搦管摛詞災木充棟胡可勝道哉野史氏曰

傳經者箋其義評史者尚其斷三教九流持論取勝詞人騷客繪句為工下逮稗官野記小道雜家言人人殊不無舛駁槩乎嘗有聞也其間名存書亡固已參半志士窮愁覃思撰次抱咫尺之藝所希不朽第令塵土堙滅何以表見于世于悲乎流俗之人不察其本末猥以文士空譚共姍咲之為綜其篇籍列之作者後有君子得覽觀焉

福州府

唐陳詡集十卷　閩中記十卷林諝著
歐陽袞集二卷　閩川名士録霧居子集十
卷俱黃璞著　伸蒙子三卷　續孟子二卷俱林慎思著
宋詩義春秋義文集俱周希孟著　七經中義一
百七十卷　居易集三十卷俱劉彝著　深甫文
集王回著　禮書一百五十卷陳祥道著　樂書二
十卷陳暘著　書春秋周禮說論語講義俱林之奇著
書本義中庸章句　蒙谷集俱林夔孫著　考工記
解　三千口義　竹谿稿俱林希逸著　論語解

忠肅奏議　詩文十卷俱李彌遜著　林倪登著
高書十卷　春秋傳論十卷俱郭正子著　諸經義方數十卷林洪範著　中庸大學解　北山文集三十卷俱陳孔碩著　經解　勉齋文集四十卷俱黃幹著　易解劉藻著　毛詩註解李樗著　尚書解潘柄著　南嶽倡酬集林用中著　梅塢集林學蒙著　志述二十七篇劉康夫有　玉坡集邵景之著
克齋集余偶著　草堂集林允中著　論語孟子解劉砥著　論語考工記　毛詩　莊子解俱林亦之著

論語講義　易説　周雅集　禮記解　歷
代史記　遺文十五卷俱黄祖舜著　奏議八十
五卷黄洽著　四書解義　高齋文集　渾灝
發旨　審是集　兵書訂解　南唐餘事俱陳
舜申著　日湖遺稿鄭昭先著　訥齋文稿陳德豫著
易傳發微　諸子總解一百卷俱陳德一著　端
平奏議　編年備要俱鄭性之著　詩集　古樂
府俱潘廷堅著　天山十議翁熙載著　臞菴集敖陶孫著
六經章句任文薦著　萬言書張宏圖著　梅栖先

生集郭陞著　元統二十卷林陶著　遊京洛詩三卷林仲嘉著　指南集三卷　詩文二卷俱林子充著　真陽共理集二卷　胥訓誥文三卷　纂韻譜六卷　强記集八卷俱黄邦俊著　南海集三十卷林安宅著　明堂制度數卷鄭叔豹著　夏二子傳吳元美著　藍溪集陳若冲著　渤海詩話鄭若虎著　玉融新對許拱辰著　史論三卷鄧林著　詩書春秋解林萬頃著　六經語孟解許天瑞著　若存文集林文之著　鍾嶂嘉話余元泰著　月林手鏡曾逢震著

愛梅集余發林著西溪文集八十卷卓立著龍
門集紀夢集俱林寬著龍山集黃銳著玉融
志容安拾稿俱黃鍔著中隱集陳華著自然機
籟集鄭東起著致日經林霆著槃澗集程若中著
論語註一卷林文昭著六經語孟解夏良規著
元覺是集林泉生著自省錄養正錄俱鍾嗜德
著木軒集林興祖著
國朝閒過齋集四卷命本錄俱吳海著翠屏
集十卷張以寧著鳴盛集林鴻著浮丘集澹

齋集俱鄭定著　善鳴集唐泰著　養靜齋文集二
十卷王褒著　鳴秋集黄玄著　虚舟集四卷王偁
著　存菴集陳輝著　柳齋集鄭闗著　宜秋集
周玄著　鳴秋山人集趙迪著　唐詩品彙　嘯臺
集　木天清氣集俱高廷禮著　畊隱集二卷鄭定
著　蒙齋集三卷王肇著　青蘿山樵集　林
泉清響集俱林敏著　滄洲集陳亮著　草澤狂歌
鳳臺清嘯　白雲樵唱俱王恭著　南雅集陳伯
康著　簡齋迂稿陳仲完著　梅巖集馬鐸著　詩經

總旨　初學提綱　詠竹稿俱鄭旭著　三山樵
稿王堅著　鄭愷集　澹成集洪昊著　宗陰清
趣集陳全著　鷄肋集洪順著　師常齋集嚴烜著
樸齋集吳寶著　鄁齋集十二卷林誌著　石室
遺音鄭關著　耻菴集陳煒著　雪銘餘響集林鈍
著　紆齋集陳中著　泉山文集林瀚著　鼓缶
心聲王鍵著　出使錄趙榮著　勿齋稿張潜著
山房類稿孟圯著　覺非集羅泰著　菊存稿謝琚
著　月臺閒嘯集陳明著　約菴稿謝士元著　榕

軒集高旭着　梅軒文集參政王佐着　敬軒集謝璠
着　日休集王俊着　松坡集教諭贈都御史王佐着
秋菴集吳伯璋着　湖重山人集邵銅着　松塢集
高瑤着　雲亭稿廖雲騰着　愧遽集林壁着　福唐
雜詠　閩賢録林謹夫着　新齋稿王昺着　鄭
詩四卷　鄭文四卷鄭善夫着　南澗文録四卷
林廷玉着　夢竹集四卷五鎣着　平崖集林鈛
平嵩文集十卷劉世揚着　石谿文集四卷王希旦着
方崖集郭坡着　廖博士集廖世昭着　晴川文集

王昺著

行己外篇　唫囈棄存　丁戊詩集

粵吟稿 俱傳汝舟著　三畧集 張萬里著　怡雲漫稿 先考樵雲府君呆著　榕江文集 林炫著　雲岡文集 龔用卿著　堪輿管見 謝廷柱著　虗窓文集 陳達著

鄢陵稿 陳暹著　霞居集 石門山人高瀫著　于山堂稿 陳子文著　朴齋文集 葉邦榮著　九山詩集 祝時泰著

叅玄賦　居婺文錄　人瑞詩集 林春澤著

心泉文集 林懋舉著　世翰堂稿十卷 林庭機著　學庸口義　五經質疑　馬恭敏文集 俱馬森著　少

峯文集林應亮著　肖虛集陳朝定著　林學士集十卷林爊著　尚白編袁表著　綠蘿集　彤雲集俱林世璧著　鶴露集陳鳴楊著　蕉鹿集謝杰使琉球著　缶音集　道山教言俱王應鍾著　徐令集徐枊著　謬言四卷陳第著　虎山文集王應槐著　石室私抄魏文焌著　輟耰述　芸窗日録俱陳全之著　露華集林爊著　諸子考訂　文林叢語俱沈德琛著　朴顛詩邵傅著　風雅叢談四十卷　帚言録五十五卷　孝善廣編二十四卷俱王應山著

慢亭集二十卷　徐熥著

西楼存稿　鄧原岳著

建寧府

唐江處士集一卷江為著

宋楊學士集八十卷楊徽之著　楊文公武夷集二卷　蓬山集五十四卷　內外制九十卷俱楊億著　蓬萊集二卷張伯玉著　雅正集十卷李虛己著　時務論十五卷楊偉著　楊子法言註卷　律呂新書　論語增註俱宋咸著　章寺丞集三十卷章望之著　壁水集十五卷周因著　五峯居士集二十卷翁挺著　吳左丞集五十卷

吴育著　易說　鍾律制儀三卷俱阮逸著　東溪
集十二卷黄元著　經國遠猷十篇張珌著　何
愽士二十卷　司馬法講義三卷　三畧講
義三卷俱何去非著　皇朝昭信録十五卷　唐
史評一卷　文集十五卷俱翁彦深著　范如圭
集十卷　君臣龜鑑六十卷詹庠著　奏議五
十卷徐陟著　東溪集二十卷　談苑十五卷
俱黄鑑著　楊蟠文集二十卷　春秋傳二十卷
文定集十五卷俱胡安國著　讀史管見　中興

七策　斐然集三十卷俱胡寅着　春秋通旨胡寧
着　知言録　五峯詩文五巻　皇王大紀
八十卷俱胡宏著　屏山文集二十卷劉子翬著　通
鑑紀事本末袁樞撰　易本義啟蒙　詩經集
傳　大學中庸章句　或問　論語　孟子
集註　論孟集義　中庸輯畧　孝經刋誤
儀禮經傳通解　太極圖西銘解　楚辭集
註辨證　韓文考異　小學　家禮　通鑑
綱目　宋名臣言行録　程氏遺書　近思

録　伊洛淵源録　朱子大全集一百卷俱宋
熹著　皇極經世解　洪範解　大衍詳説
太玄潛虛指要　八陣圖説俱蔡元定著　文簡
奏議　雲莊外稿俱劉爚著　周易訓解蔡淵著　言
經集傳蔡沈著　西山中乙藁　對越甲乙集
心經　政經　經筵講議　大學衍義
端平奏議俱真德秀著　黄銖詩文集朱熹序　刻
鵾集彭止著　中興小曆　九朝通畧　官制
新典　帝王經譜俱熊克著　內制一卷　文集

二十卷俱徐鳳著　論語集記　才老韻補俱吴棫著　劉子寰集劉克莊序　易解十卷劉翔著　詹慥文集二十卷　經史事類三十卷俱張諒著　劉玶詩集十卷　書餅編范師孔著　經史旨要　聘君文集俱葉夢鰲著　忘筌書五卷　觀象玄契二圖俱潘殖著　中庸解三卷　智仁堂稿十卷俱熊節著　事文類聚　方輿勝覽俱祝穆著　飯牛菴漫録一卷張昌齡著　周易通神五卷吴秘著　大易發疑　宋葛遺民集　二禮釋疑俱練来著

蕭福詩集　性理遺書十四卷張復著　聊復菴二十卷　詩宗群玉府三十卷俱毛直方著　小學日記虞韶著　古賦準繩十卷虞廷碩著　易傳解　通鑑紀事俱袁樞著　春秋經解三十卷　尊孟辨辨疑一篇　論孟說十卷俱江琦著　三十卷余允文著　太極圖說游九言著　易說丘義著　易春秋圖說二十卷郭禎著　四書訓詁六卷江默著　四書集成　諸經訓解俱童伯羽著　周易輯解十卷　易學說約五篇　經世補遺

三卷俱丘富著　少微通鑑節要江贄輯　易講義

書說　四書標題　大學廣義　春秋通

解　大學尚書口義三十卷俱熊禾著　新豊集

徐九思著　奏議雜著唐史篤論共二十卷黃鍰著

蜀漢書　浩堂類稿　讀書筆記　西安南

昌判筆俱翁甫著

元毅齋吟稿楊載著　鶴田集蔣易著

國朝藍澗集藍智著　藍山集藍靜之著　玉堂遺稿

訓子篇　北征記俱楊榮著　黃華勝覽　容

菴文集俱潘賜著　九川文集滕霄著　適興錦江二集杜琮著　澹菴句宣二集俱黄仲芳著　菅鳴集　困横集俱田賦著　輿地圖　孤樹裒談　建寧人物傳　群玉樓稿十卷俱李默著　止山文集丘雲霄著

泉州府

唐四門文集歐陽詹著　辨謀篇　大易裨正三十卷俱陳黯著　王進士集十卷王虬著　真龍對　孔子不歷聘解俱盛均著　歐陽秬文集　老

子通論劉驥著　無題古詩一百三十首王肱著

宋鄭進士集十卷鄭褒著　魯衛信錄蘇頌著

擬古樂府　措刑論俱錢熈著　易本旨　春秋

義例　詩話　古賦雜著　論語後傳俱陳知柔著

爛窠類稿林外著　耐閑集六卷吳岡著　漢唐

通鑑史志解楊景隆著　周禮解文集俱江致堯著

六經辨疑梁南一著　易解義　書直解　詩口義

春秋通義　四書日講　經世書　周禮補

亡俱丘葵著　史編雜著陳震著　論語解　儒行

篇詩文雜著俱蘇總龜著朱氏傳授圖王力行著
三山志梁文靖集俱梁克家著文公語録二
卷楊至著易說肴齋集俱蘇思恭著埜齋集
傅天驥著論孟解黄岩孫輯解泉山集二
十卷中書制稿西清奏議俱陳從易著經
史管窺陳謨著忠宣詩文奏議外制二十
卷俱留正著詩書釋鄭思忱著竹隱集三十卷
耄志六卷忠簡奏議十卷俱傅伯成著易說
禮記解西掖類稿俱楊炳著田舍墨記四十

卷許侃著　唐書新例一卷　唐兵志三卷

古今系表俱呂夏卿著　洪氏奏議　經筵講議

通禮輯畧　味言發墨　陽岩文集俱洪天錫著

演易十圖　論語講義俱呂中著　臞菴文稿李忱

著　帝王紀年通錄　文集十卷　五運圖

俱李浙著　拙菴雜錄郭咸著　百家詩選　編類

說百卷俱曾慥著　筆苑五卷黃萬頃著　南華真經

解　琴書入覽十卷俱王址著　道德經註　漢

唐君臣圖　朝陽詩集俱陳櫄著　渾天圖王識著

卧龍翁集王猷臣著　覆瓿集二十卷楊宏才著　周
易禮説黄以翼著　學庸講稿黄必昌著　國史大事
記十卷　典故備忘五卷　禮記解　漢唐
晋書手抄俱莊夏著　黄偉文集　殖軒集陳世德著
詩書易禮解陳研著　瑯琊集　邵南集俱王言巖著
雙峰集謝履著　漢唐名臣奏議五十卷　文
集十卷俱石亘著　林棐詩文集　東坡唱和文
集一編蘇伯才著　孝經詳解王文獻著　外制十卷
文集二十卷俱江常著　蘇欽家集奏狀　春秋

精義詩書直解禮記解俱呂椿著　容菴摘稿十
卷王顯世著　陳洽遺稿十卷　易抄　詩書旨
三百卷俱薛舜俞著　家訓集鑑蔡廷發著　玉泉集
儲款叙著　和古今梅詞千首趙不慢著　史說　坦
齋類藁俱陳學行著　春秋通解十五卷余克濟著
北山漫遊十卷　雜稿二十卷俱劉用元著　茹
芝東陵二集趙必華著　文集十卷　梅花百詠
一編俱李績著　龜峰集黃冠著　論語集解梁克家子
億著上之秘閣進二秩　中齋集陳信惠著

元四書講稿　古直集俱傅定保著　圭峰集盧琦著

國朝易經緼義張廷芳著　願學稿朱鑑著　一臞先生集王宣著　潛齋集陳亦言著　春秋管見趙瑞著　吳下集　筠陽需須集俱陳道曾著　朱氏文集朱鐸著　桐月山房稿楊暉宗著　綱目管見　四書易經蒙引　密箴五十條　虛齋文集俱蔡清著　四書淺說　易通典　紫峰文集　欽州志九卷俱林希元著　惠安志　淨峰文集四十六卷　三禮經傳聖學正傳俱張岳著　正

學録　銅魚集　龍峯遺集俱林同著　易經考

正蔡元偉著　經濟倫考四十卷　東石漫稿俱黄

潤著　邵武府志　見吾奏議俱陳讓著　周天佐

奏疏　王遵巖文集　玩芳堂摘稿俱王慎中著

芳洲文集洪朝選著　中丞輯録丘養浩著　行吾摘

稿二卷張志選著　泉州府志黄光昇著　春秋録疑

趙恒著

漳州府

宋　吴奉議集吴與著　東溪子集高登著　書

解黄穎著　周禮解義　春秋左氏事類俱黄穎著
禮記解　小學口義俱王樵仲著　詩解　中庸
論孟解俱黄樵著　中庸大學解　語孟講義
洪範會元俱蔡元鼎著　元經説三十篇　文集十
卷俱楊汝南著　太府奏議詩文孫昭先著　性理字
義三卷　文集五十卷　兩漢博議王遇著
有齋集吴獬著　評古一卷　補註東坡詩一
部俱黄學皋著　春秋三傳會同　列國類編俱陳
思謙著　三要　三術　吴孟文稿俱吴桓著　北

廷錄二十事吳南公著　周禮解陳皝著　廟堂表

制鄭公題著　鄭主簿文集鄭公敏著　棲靜堂集余韶

著　周禮解　古鑑錄　資時十論　括象

志　五音姓譜　代宬集　骨鯁集俱余嘉著

德齋文集陳經著　筆義　疑經傳稿俱吳天成著

周易詩禮解宋閩禮著　邊臣近鑑周佑著　林彌

集　田家樂歐楊緩著

國朝　梅菴存稿　經籍要覽俱陳覺著　蒂菴集

家禮易覽俱王源著　浴心遺稿蘇德著　亭澗集

六卷胡宗葉著　驄菴三卷胡宜衡著　蹇菴集胡輿春著
劉宗道文集十卷　二禮折衷蘇球著　南雍
文集黃文史著　南行稿　吳氏族譜俱吳源著　程
朱正學纂要　布衣存稿俱陳真晟著　雪蓬遺
稿黃文爾著　曾逸文集　易齋稿周宣著　白石
野稿　愚谷稿俱林梅著　歸田錄林魁著　顏階
文集　鄭東集陳文輝著　孝經定本　大儒梓
言　讀書錄俱蔡烈著　書傳補遺王原著　呂景
明詩文十卷　陳雎文集五卷　南皋文集

泉巖集蔣輔著　東溪遺澤録　漳獻偹忘

古今指掌俱庠生林祺著　家祀辨庠生鄭潾著　論學

大旨　霞山雜録俱侯任著　心源問辨録曹汝檀著

一松稿許判著　心極圖説　皇祖訓辭　鄉

約序俱紀孚兆著　射禮輯説　道原録抄　義

集抄俱吳霞著　醫齒問難吳朴著　易圖釋義

易經口訣俱丘昂著　給事奏議丘攢著

汀州府

宋　吳祠部集一卷吳簡言著　梁處士集梁藻著藻

三舉禮部不就鄧徵士詩文三卷鄧春卿著伍太常集伍祐著杜詩集句李元白著緩江集謝潛著易經釋唐書註俱羅梲著雷觀奏議羅宣教集羅烈著湯起莘集湯莘叟著塢巖歌羅永恭著淡軒集楊方著

國朝東崖樵唱沈得衛著郝鳳升集

汀州府志李堅著鄧集鄧向榮著

延平府

唐陳陶詩百篇

宋　廖執象集十卷徐鉉序　雲溪集十卷廖峣著　文海百卷　道山集三十卷　秘閣録四十卷　蓬山志五卷　洞霄録十卷俱羅畸著　了翁集　尊堯集俱陳瓘著　濵山集六卷黄裳著　七峯集十卷鄧甯著　奏議十卷　籟鳴集十卷俱曹輔著　楊師旦集楊時序　遵堯録　台衡録　詩解　春秋解　春秋指歸　語孟師説俱羅從彥著　孟子釋義周諝著　讀詩傳　論語講説蕭山著　延平問荅　語録俱李侗著　歸

田集廖正古著 春秋會要 文公語録 槎溪
集俱廖德明著 白雲集八卷廖正一著 默堂集三
十卷陳淵著 魚山集十卷廖天覺著 遯齋閑覽陳正敏著
約菴集曹紳著 龍山文集余良弼著 栟櫚集二
十五卷鄧肅著 焦桐集鄧柞著 朱子語録一
卷余大雅著 二十四孝詩郭居敬撰
元 張本蒲輪賦 春菴文集余泰著
國朝 陳學士奏議詩稿陳山著 平齊吟稿
三華百詠詩集俱蕭恕著 貽光堂集 尊美堂

脩来編（俱黄焯著）　九峰稿　奏議（俱胡瓊著）　延平郡志　劍溪媿稿（俱鄭慶雲著）　尤溪志　柜山文集（俱田項著）　延平府志　可齋文集（俱游居敬著）　心身家鄉四範　容忍讜恭四箴（俱李杏著）

邵武府

宋　毋我論　筆録十卷（俱盧奎著）　翼騷一卷　雲林集五十卷（俱黄伯思著）　青箱雜記（吳處厚著）　馬伸事論（何兑著）　忠定奏議梁谿集共一百

卷　靖康傳信録　建炎時政記　易說內篇十卷　外篇十二卷　論語詳說十卷俱李綱著　禹貢解　傳道精語俱李方子著　經解上官愔著　論語解謝敵七歲時著　四書語録問荅吳壽昌著

簡肅奏議十卷黃中著　書說三十卷李相祖著

蒙谷集　表忠詩一百三十首俱李安期著安期建寧縣人有詩名吳璘雅重之　嚴氏詩集嚴粲著　述師友問荅一卷劉剛中著　韻會黃永存著中美之子　龜山年譜黃去疾著　清江欸乃集嚴仁著　滄浪集二卷

詩評一卷俱嚴羽著　黄大任集　大學講義吳季子著　蕙山語録黄大昌著中美曽孫隱居不仕　武陽耆舊

詩宗陳士元著　韻會黄大昌子公紹著

元

秋聲集二卷黄鎮成著　樵水集　四書一貫十卷俱黄清老著　易精解　中星儀象圖俱李學遜著　春秋纂例　孝經集註　四書講義俱李應龍著

國朝

介軒集花潤生著　樵溪漁叟集一卷曽真保著

陳都憲集四卷陳泰著　鶴林集上官祐著　橋門

秋臺二集余志著　畏菴集朱欽著　邵武府志稿寅堅著

興化府

唐　林侍御集一卷林蘊著　白巖集一卷鄭良仕著仙遊人景福中獻詩授四門博士遷御史中丞歸隱　褱衍集十五卷　泉山秀句集三十卷俱黃滔著　探龍集一卷　賦一卷俱徐寅著　畫錦集　宏詞集二十卷俱翁承贊著

宋　忠惠文集三十六卷蔡襄著　君山遺稿

蔡高著　鄭元舉集鄭昇著　張弼易解九卷黄裳序　九經解黄復著　義成逸士書百卷黄君俞著　倡和集吴世延著　錦囊集鄭伯王著　經史解題　群書新語俱方惟深著　燕山集陳惟剛著　春秋解義　衍極紀載俱鄧杓著　論語集解　中庸大義俱余象著　易索隱鄭廷芬著　正獻奏議陳俊卿著　易通　學庸論孟解　太極西銘說俱謝升賢著　後村文集劉克莊著　藝圃折衷鄭厚著　通志一百二十卷　谿西集五十卷俱鄭樵著　春秋傳

議鄭可學著　儀禮註黄士毅著　論語集義問荅陳宓著　艾軒文集二十卷林光朝著　宋編年舉要陳均著　鼇軒至人集謝洪著　草堂集方東白著　徐師仁集　知稼集黄公度著　抱甕集何夢得著　山中集趙庚夫著　易論二十篇　江東將相論　兩漢史贊　小園僻稿俱方汝一著　時政十議蔣雝著　清逸吟稿林雲龍著　東坡和陶詩註釋陳知柔著　筆峯章錄林豫著　萬言書陳大下著　方少卿集方廷寶著　千林漫稿薛季良著　韓魏公

遺事方公袞著　吉夫詩文百卷　唐史別詠俱林
迪著　易範語孟訓釋鄭耕老著　過庭録王希亮著
禮學舉要鄭昻新著　聽蛙集方審權著　丁伯桂諫
章　南廓集徐朝儀著　安行奏議制稿詩文陳居
仁著　韓詩編年十五卷方崧卿著　易稿　漢孝
俱劉彌邵著　史要　傳燈節録俱黃鍾著　西軒子
陳昭度著　四書遺說黃績著　王孝功奏議王太冲著
全璧集林興宗著　九經解黃補著　李丑父集
四書講稿黃仲元著　奏議雜著方大琮著　石巖文

集方澄孫著

元陳國子集十三卷陳旅著　雲我存稿

陳文龍遺事俱鄭錢著　東家書目數十種黃方子著

葵山集朱文霆著　浮丘外集百卷陳紹叔著　宋逢

全三史顧長卿著　梅栖集郭瞠著　原範吟易

通統論　衍極書俱劉有定著　王朝詩文遺稾

猶子寅輯

國朝吳司業文集吳源著　文公家禮圖註方澥

著　經世管籥　字學纂要　詞學筌蹄

地理耆龜　翠渠類稿俱周瑛著　八閩通志
未軒集俱黃仲昭著　韶州舊志十二卷方玭著
孝亭淵源錄　莆陽人物備志　莆陽遺事
立齋閒錄　備遺錄俱宋端儀著　杏村肘後
方　傷寒書俱方炯著　家禮考註　昭穆圖
宗子說　五倫啟蒙　孝經刊誤俱劉閔著　布
明錄方重杰著　莆陽人物志方朴著　願學齋稿
黃讜著　楊慈文集五卷　郡齋新稿周瑩著
四書資講黃瀾著　詩經四書講吳仲珠著　律呂

元聲六卷李文利著　開國事畧十卷蔡于穀著為竊者易今名龍飛紀畧　遊西山記高江著　方齋存稿林文俊著

竹巖稿柯潜著　娓齋集陳音著　氷崖文集翁世資著

國朝名臣録賛　惠安文集　莆陽文獻志倶彭韶著　石峰文集陳琳著　省克録　靜思録倶陳茂烈著　山齋稿　奏議　莆陽文獻録　莆陽志略倶鄭岳著　秋齋集周宣著　東園文集　歸田録　奏疏倶鄭紀著　后峯文集黄鞏著

原教録三卷林學道著　省吾奏議林富著

愧癖集林大輅著　貞肅奏議　見素文集俱林俊著
宋史新編　史記考要　續莆陽文獻録
藝餘集俱柯維騏著　林氏錫封記李廷梧撰　淮陽
急稿王鳳靈著　贛州集林萬潮著　青蓮稿　壺草
毓秀集俱林兆誥著　居閒集鄭鏊著　弦所文集
李德用著　南岡文集六卷朱鳴陽著　西麓稿林墰著
欒洲雅集四卷　退齋文集俱林雲同著　浴江
集陳騰鳶著　四六彫龍　三餘集俱游日章著　臥
雲集六卷陳應魁著　壽泉詩稿徐觀瀾著　三教全

集林兆恩著　薊門稿二卷方元淇著　辟支巖稿游日益著　楚遊稿游士豪與余翔偶和　鳳臺集余翔著　襄清全集　督抚奏議　留樞疏草　西南紀事俱郭應聘著　問奇類林　續類林　歷朝忠義匯編　歷代象賢録　粘壁警語　蘭壹疏草俱郭良翰著

福寧州

唐　薛補闕詩一卷薛令之著　林全洲賦一卷林嵩著

宋　槃隱集林湜著　易説　文集二十卷高曇

著

城山集陳元著　奏疏　詩文集俱張叔振著

邊宜十策　裡惺集俱王定國著　韓柳辨　莊子內篇　語錄　易詩書春秋論　疑孟俱林維屏著

祭禮十四卷　儀禮圖　家禮雜說

附註三卷俱楊復著　五經講義　四書紀聞俱饒魯著

胖軒集黃旹著　觀過錄張翰著　歸田集劉堯粢著

鳳渚集姚瀛著　江東十論許叔度著　余狀元集　禮記類說俱余復著　存齋語錄　書解五十卷　詩講義俱陳經著　倡和詩集王維著

金帚集黄鎬著博學善屬文尤工詩賦　定齋集鄭士懿著　仲

山集　春秋講義俱繆烈著　春秋衍義十卷

左氏辨證六卷俱謝鑰著翱之父　易傳黄宗傅著　楊

通老奏議　悅堂集俱楊楫著　四書銘　韓文

音釋俱王伯大著　百將詩　出疆倡酬集俱林仲虎著

律曆志解　和稼軒集　默齋集俱陳成父著駿之子

鷄窗叢覽一百五十卷　詩文五百篇　詩

解三十卷俱高頤著　易詩書解　四書發題

策府五十卷　浩齋稿三卷俱孫調著　雜著數

卷龔郑著　倡和集李鑑著　論孟周易解頤
乾道十論　四川形勢　司馬溫公傳俱劉季裴
著　陳應龍詩六十韻　皇鑑前後集　源
流至論俱林駉著　存齋稿　洪範講義鄭師孟著
時事直記黃寬著　樂天集陳英著　墨莊文集
張泳著　五經解疑　梅壑集俱鄭君老著　翠樾
集張安脩著　三分詩稿劉必成著　晞髮集五卷
西臺慟哭記　南史帝記　秦楚之際月表
俱謝翱著

元　石堂文集　四書集解　學庸旨要

書傳補遺　天象賦　易說　詠史詩　俱陳普著

易註　四書標註　諸史類纂　書講義

韓氏遺書　俱韓信同著　鳴琴集　陳天錫著　雪齋稿

林尹著　四書集解　起興集　陳自新著　棣蕚集

陳陽盈陽至著　五經蠡測　蔣悌生著

國朝　周賀夫文集　周斌著　恪齋稿　吳楠著　長

溪集　老農傳　漁父問答　俱鄭憲著　雪齋稿

林保童著　八景詩　鄭伯陽著　五峯遺稿　林文迪著　訥

齋集陳宗孟著 石摘稿 思恩府志俱周璞著 肖
雲稿四冊林愛民著 禮記日録十二冊黄乾行著
莊敏奏議八卷 見菴集十四卷俱林聰著 五
峯集十二卷林文迪著 壽臺集三卷 五真集
十六卷俱陳宇著 雙峰集二卷林文逌著

閩大記卷之十三

閩越王世家

閩越王無諸及東海王搖者蓋禹之苗裔也勾踐王會稽滅吳霸東南兼有甌越閩越地故稱百越百越惟南越芊姓楚後餘皆姒姓云

周顯王三十五年楚敗越殺其王無疆族子奔徙海上有無諸者以騶為氏（騶一作駱）據閩自王朝貢于楚秦并天下廢為君長以其地置閩中郡諸侯畔秦無諸搖率越人歸鄱陽令

吴芮既從諸侯滅秦項羽主命弗王以故不附羽漢擊楚又率越人佐漢漢五年復立無諸為閩越王都東冶孝惠三年舉高帝時越功乃立搖為東海王後數世至孝景三年吴王濞反欲從閩越閩越不行獨東甌從吴破東甌受漢購殺吴王丹徒皆釋不治吴王子駒走閩越怨東甌殺其父常勸閩越擊東甌建元三年閩越發兵圍東甌東甌且降使人告急于漢上問太尉蚡蚡曰越相攻其常又

數反覆自秦時棄弗屬中大夫莊助語蚡患力不能救誠能何故棄之且秦舉咸陽棄之何必越也上曰太尉未足與計乃遣助以節發會稽兵浮海閩越引去建元六年閩越又擊南越上遣大行王恢出豫章大農韓安國出會稽閩越郢發兵距險其弟餘善與宗族謀王以擅發兵不請故天子來討即幸勝之滅國而止今殺王以謝天子皆曰善即鏦殺王使使奉其頭致大行乃以便宜案兵告大

農軍而使使奉王頭馳報天子詔曰郢等首惡獨無諸孫繇君丑不與謀乃立丑為越繇王奉閩越祀餘善已殺郢威行國中自立為王繇王不能制天子不欲復興師曰餘善與郢謀亂而誅郢自贖師得不勞因立餘善為東越王與繇王並處至元鼎五年南越反東越王餘善上書請以卒八千人從至揭陽持兩端陰使南越及漢破番禺不至樓船將軍楊僕上書請擊東越上曰士卒勞倦無輕發

令諸校屯豫章梅嶺待命元鼎六年秋餘善
聞樓船請誅遂反號騶力為吞漢將軍入白
沙武林梅嶺殺漢三校尉刻帝璽自立天子
遣橫海將軍韓説出句章浮海從東方來接
樓船將軍楊僕出武林中尉王温舒出梅嶺
越侯為戈船下瀨將軍出若邪白沙元封元
年冬漢兵將入東越境東越發兵距險越將
從繇王居股謀殺餘善以其衆降橫海將軍
故封繇王居股為東成侯萬户上曰東越陿

多阻閩越悍數反覆詔軍吏徙其民江淮間東越地遂虛

外史氏曰劉子言美哉禹功明德遠矣予稽夏商錫爵胙土甚衆杞祀式微猶歷世數十得用王禮郊禹配天勾踐棲會稽困極矣卒以强霸兼國廣地其遺徽東閩延有無諸搖並握王爵至餘善逆節國夷其先人苗裔繇王居股等尚不失萬戶侯太史公謂越世世為公侯蓋禹之餘烈信矣方無諸自王時秦

以分郡廢逐既滅秦項羽又主命弗王自速
攜叛為漢驅除高皇多助之至遂履帝籍善
敗由己謂由人乎哉

閩王氏世家

王審知字信通光州固始人也父恁世為農兄
潮為縣史唐末盜起王緒領光州刺史以忤
秦宗權率衆南奔緒猜暴軍次南安潮與其
部曲謀殺之前鋒將相與言生我者潮也推
為主時泉州刺史廖彥若貪殘泉人疾苦潮

畧地至泉軍行整肅耆老遮道留之潮即引
兵圍彦若逾年克泉光啟二年福建觀察使
陳巖表潮領泉州刺史景福元年巖卒其婿
范暉自稱留後潮遣審知攻暉克之暉見殺
唐以潮爲福建觀察使潮以審知自副審知
狀貌雄偉隆凖方口衆號白馬三郎乾寧四
年潮卒審知代立唐升福州爲威武軍拜審
知節度累遷同中書門下平章事封瑯琊王
唐亡梁加中書令封閩王又升福州大都督

府是時楊行密據江淮審知遣使泛海自登萊朝貢于梁審知雖起群盜儉約禮士又建學四門教閩士秀者海上黃崎波濤為阻一夕雷雨震擊開以為港閩人以審知德政號甘棠港審知同光三年卒年六十四謚曰忠懿子延翰立

延翰字子逸同光四年唐拜節度使時莊宗遇弒中原多故延翰取史記閩越無諸傳示諸將吏曰閩古王國吾今不王何待諸將吏上

書勸進十月延翰建國稱王猶稟唐正朔延翰頎美如玉妻崔氏陋而淫審知喪未期徹几筵多選良家子為妾崔氏輒幽之别室一歲中死者八十四人崔氏後病見以為祟而卒建州刺史延稟本姓周氏審知養子素與延翰不叶翰既立以弟延鈞為泉州刺史二人謀作亂十二月延稟延鈞合兵執延翰殺之

延鈞立更名鏻唐即拜節度累加檢校太師中

書令封閩王初延禀與鏻謀殺延翰自以養子推鏻立之既還建州鏻餞于郊延禀言曰善繼先志毋煩老兄復來鏻銜之長興二年延禀擊鏻軍于西門使其子繼雄由海道軍南門王仁達伏甲舟中僞立白幟請降繼雄信之登舟伏發刺殺之梟首西門其兵見之皆潰延禀見執鏻曰予不能繼先志果煩老兄復來遂殺之延禀子繼昇時守建州奔于錢塘長興三年鏻上書請尚書令不報遂絶

朝貢鏻好鬼神道士陳守元惑以左道乃建寶皇宮守元謂鏻曰寶皇命王稍避位後當為六十年天子鏻欣然命其子繼鵬權府事既而復位乃稱帝受冊于寶皇以黃龍見改元龍啟國號閩追謚審知為昭武孝皇帝號太祖立五廟置百官以薛文傑為國計使察民間陰事罪富人籍其資以佐國用閩人盡怨又薦妖巫徐彥言左右多姦臣當質諸鬼神傑與內樞密吳英有隙謂英曰上以公重

臣屢稱疾將罷免因敎英即上遣人問疾當言頭痛無他苦也英然之時日諷鑄使巫視英疾巫言入北廟見英為崇順王所訊曰汝何敢謀反以金椎擊其首鑄又語文傑文傑曰未可信宜遣使問之使還果以頭痛對即收下獄雜治誣服並妻子誅之鵬因陳氏求春燕鑄怏怏與之次子繼韶怨謀殺繼鵬繼鵬愳與皇城使李倣圖之是歲十月鑄饗軍大酺殿坐中昏然言見延稟倣以鑄病已甚乃令

壯士先殺李可殷于家明日晨朝鏻無恙問倣殺可殷何罪倣懼而出與繼鵬率皇城衛士入鏻聞鼓噪匿九龍帳中衛士刺之尋殂繼韜及陳后歸郎皆死鏻立十年見弑謚曰惠皇帝廟號太宗

繼鵬既立更名昶改元通文以李倣判六軍倣弑君立昶常自疑多養死士為倫昶患之因大饗軍伏甲擒倣殺之梟諸市部曲千人燒啟聖門奪其首奔錢塘天福二年昶遣使朝

貢京師高祖遣散騎常侍盧損冊封昶閩王子繼恭臨海郡王損至閩昶稱疾令繼恭主之昶怒損侮中書舍人劉乙稍侵辱之子繼恭遣其佐鄭元弼隨損至京師貢方物致書晋大臣述昶意求為敵國高祖怒下詔暴其罪兵部員外郎李知損請籍貢物禁錮使者元弼獄具引見言昶夷貊之君不知禮義臣將命無狀願伏斧鑕以贖昶罪高祖赦元弼遣歸昶拜道士譚紫霄為正一先生陳守元

為天師妖人林興以巫見幸事無大小興輙以寳皇語命之而後行守元教景起三清臺三層以黄金鑄寳皇及無始天尊太乙老君像日焚龍腦諸香作樂臺下晝夜不輟三年夏虹見宫中林興與傳言宗室將亂乃命興率壯士殺審知子延武延望及其子五人後興事敗被殺景愈惑亂立父婢春鷰為后時景弟繼嚴判六軍事疑而罷之代以季弟繼鏞多募死士自衛賜予厚於他軍控鶴都將連

重遇拱宸都將朱文進以此激怒其軍衛者言景宮有災徙南宮避之宮中火景疑重遇軍景信佞人內學士陳郯以火事語之郯告重遇重遇懼夜率衛士縱火焚南宮景挾愛妃子弟黃門衛士斬關出宿于野重遇迎審知季子延羲令其子繼業率兵襲景殺之妻子無遺類謚曰康宗

延羲既立更名曦遣使朝貢于晉改元永隆曦自景時佩疆畏景相王倓唐相溥之子不敢

動新羅遣使餽寶劍曓示倓曰此將何為倓曰不忠不孝者斬之曦居旁色變曦既立而新羅復獻劍曦思前言倓已死發塚戮其尸面如生血流被體泉州刺史余廷英進買宴錢千萬又獻皇后千萬得釋曦嘗嫁女笞朝士不賀者以御史中丞劉贊不糾將笞諫議大夫鄭元弼切諫乃已曦弟延政為建州節度使封富沙王自曦立數舉兵相攻曦惡宗室多以事誅之諫議大夫王峻舁櫬詣朝堂

極諫曦怒貶漳州司戶參軍校書郎陳光逸上書疏曦過惡五十餘事曦命衛士鞭至百不死以繩繫頸掛于木乃絶國計使陳匡範獻增羡商之法已而歲入不登其數乃借於民以足之匡範以憂死後知其借於民也剖棺斷尸棄之水中曦性淫虐妻李氏悍而酗酒賢妃尚氏有色而寵李仁遇曦甥也柔曼傾意用以爲相曦常爲牛飲群臣侍有私棄酒者輒殺之諸子繼柔棄酒并殺其賛者連

重遇與朱文進連姻自固曦心疑之常以語譎重遇李氏妬尚妃之寵欲圖曦而立其子亞澄乃使人諷重遇等六年三月曦出遊醉歸重遇遣壯士于馬上拉殺之謚曰景宗初曦淫虐建州刺史延政數以書諫之曦怒遣杜建崇監其軍延政逐之曦舉兵攻延政為所敗延政乃以建州建國稱殷改元天德明年連重遇殺曦集閩群臣告之曰武皇冒矢石有閩土子孫淫虐不道天厭王氏當求有

德以安此土乃掖朱文進升殿率百官北面臣之文進以重遇判六軍諸衛事王氏子弟在福州無少長皆殺之以黄紹頗守泉州程贇守漳州許文縝守汀州稱晉年號時開運元年也泉州軍將留從効詐其州人曰富沙王兵取福州矣吾屬世臣王氏安能交臂事賊州人共殺紹頗迎王繼勳爲刺史漳州亦殺贇迎王繼成爲刺史文縝懼以汀州降于延政延政已得三州重遇亦殺文進傳首建

州福州裨將林仁翰又殺重遇迎延政都福州南唐李景聞閩亂發兵攻之延政遣從子繼昌守福州南唐兵方急攻延政福州將李仁達謂其徒曰唐兵攻建州富沙王不能自保其能有此土邪乃擒繼昌殺之懼衆不附以雪峰寺僧卓儼明被衮冕率諸將吏稱臣已又殺儼明自立送款于景景以仁達為威武軍節度使更名弘義景兵攻破建州悉迁延政之族于金陵

外史氏曰予採掇前鑒五季之亂極矣審知雖起列校姿表奇傑將士歸心又儉約禮士有惠政于民開國吾閩非偶然者翰鈞曦政骨肉相殘竊干大號搖虐宣淫有逾辛紂民生斯時何其不幸也僅再易世俱以夷滅為天下笑豈予文之澤尚淺欒黶之惡已彰乎方文進代興盡殺王氏子弟及仁達送款南唐又遷延政之族于金陵今閩人王姓附麗為固始皆妄予嘗訪審知廣城故宅有穹碑

高出屋鄉人以忠懿祭于社祔食皆其將佐郡作土牛迎春東郊輙遣邑椽以牲醪易片土始事迺知審知有造于閩雖後昆孑然其祀尚未殄也

閩大記卷之十四　　朱子世家

朱子世家

朱子名熹字元晦一字仲晦其先婺源人也父松字喬年第進士歷司勳吏部郎秦檜議和松與同列極言不可檜怒風御史論松懷異出知饒州未上卒學者稱韋齋先生初松為福建政和縣尉夫人祝氏以建炎四年生熹于尤溪紹興中第進士侍次同安簿秩滿丐祠奉母孝宗立應詔上封事言帝王之學不

可不講脩攘之計不可不定本原之地不可不加意隆興初復召入對三劄益剴切時湯思退倡和議除武學博士待次大臣相繼論薦皆不至起知南康軍至郡興利除害講求荒政多所全活明年大旱應詔上疏極陳近習蒙蔽之狀以疾請祠不報陳俊卿等力薦除江西常平使者改浙東召對首陳灾異之由與脩德任人之事至官詢民瘼除獘政所部肅然劾台守唐仲友汙濫章凡十上仲友

與宰相王淮同里且姻家尚書鄭丙御史陳
賈希旨詆熹僞學奉宫祠數年除江西提刑
會淮罷相熹遂入奏有要於路謂以正心誠意
上所厭聞熹曰平生所學惟此四字除兵部
即以足疾辭本部侍郎林栗劾熹僞學令依
舊職後栗坐罷熹亦予祠踰月再召熹上封
事言大本陛下之心急務則輔翼太子選任
大臣振紀綱化風俗愛養民力脩明軍政疏
入漏下七刻上已就寢亟起秉燭讀之終篇

明日除主管太乙宫兼崇政殿説書力辭以
閣撰奉祠又辭光宗朝除知漳州奏除屬縣
無名賦七百萬減經總制錢四百萬又乞行
經界從之竟報罷差知潭州會峒獠擾屬郡
熹遣人諭降之申令嚴武備戢姦吏抑豪民
所至興學校明教化四方學者畢至寧宗即
位趙汝愚首薦召赴行在奏事除煥章閣待
制兼侍講熹入對首勸寧宗引慝温清又勸
帝求放心親儒學咨訪臣僚乞遵行孝宗通

喪之禮及議僖祖不當祧數事韓侂胄自謂有定策功居中用事熹上疏言左右竊柄在講筵復言之未幾以寶文閣待制補郡尋依舊職奉祠初汝愚相中外望治熹獨以侂胄爲慮汝愚易之至是汝愚被逐權歸侂胄僞學禍起熹落職罷祠尋卒慶元六年三月甲子日也年七十一疾革手書屬子在及門人范念德黄幹輩以脩正遺書爲言學禁解追復元官累贈寶謨閣直學士謚曰文理宗朝

贈太師徽國公從祀孔子廟廷門人黄幹言道之正統待人後傳由孔子而後曾子子思繼其微至孟子而始著由孟子而後周程張子繼其絶至朱子而始著識者以為知言熹歷事四朝任於外僅九考立朝四十日蚤聞伊洛正學心好之韋齋疾革語熹曰籍溪胡元仲白水劉致中屏山劉彥冲三人學有淵源吾所敬畏廼就三君子學焉遠稽近述徧交當世名儒雖釋老之學亦必究其旨歸以

折是非延平李侗學于豫章羅從彦從彦學
于龜山楊時侗于松為同門友喜歸自同安
徒步數百里從遊累年精思實體所造益深
初依劉子翬居崇安五夫榜其室曰紫陽書
堂後得建陽廬峯砌草堂曰晦菴稱雲谷老
人又得武夷五曲結廬其間曰武夷精舍晚
卜築于考亭號滄洲病叟最後揲蓍遇遯之
同人因更遯翁以辛之歲十一月壬申𡋯嘉
禾里唐石大林谷配劉氏聘君勉之女子三

人長塾將仕郎先卒次埜季在孫男七人鑑
鉅銓鐸銍鉉鑄曾孫六人淵洽潛濟浚澄
埜字文之淳祐門監湖州德清縣贍軍酒庫
在字叔敬嘉定初蔭除籍田令因旱上封事晉
司農簿遷丞十年以大理正知南康軍奉祠
起知信州入對言振綱紀求放心除提舉浙
西常平茶塩公事加右曹郎官兼知嘉興府
召爲司農少卿充樞密副都承旨出爲兩浙
轉運副使寶慶中除工部侍郎進封人主學

問之要理宗曰先卿中庸序言之甚詳因請曾參並封公爵楊雄王雱去其像二程張載從祀廟庭並從之除吏部侍郎請外除寶謨閣待制知平江府遷煥章閣待制知袁州奉祠卒

浚字清源朝散大夫右文殿脩撰兩浙運使兼吏部侍郎元師至福安王剛中以城降浚仰藥死

溥文公四世孫浙西提舉有弟三人湜知丹徒

縣準泉州路推官沂考亭書院山長循子唐
建寧路倉監納
皇明景泰六年詔以建安九世孫梴襲翰林院
五經博士奉祭祀嘉靖元年詔婺源守祠十
一世孫墅蔭翰林五經博士至是朱氏有兩
博士云
外史氏曰予幼讀朱子書壯遊建溪登武夷
矯首廬峯之巔窮源仰止有遐思焉公三子
一居建安一居考亭徽之婺源其一也建安

婺源之支

皇朝並世祿考亭支庶繁衍科第不乏絕所謂德厚流光非耶昔太史公序帝王則曰本紀公侯傳國則曰世家孔子一魯司寇無爵土可傳得附世家予稽仲晦氏躬行著述祀以公禮祿秩延世閩南孔子也作朱子世家

閩大記卷之十五

儒林傳　序

曩予聞父師言儒正學與二氏之教不相入學儒塗轍非一要其歸孔子徒也閩介南服距鄒魯遼遠唐季風氣漸開始知有儒龜山先生程門立雪載道而南彬彬儒學遂並于鄒魯垂髫總角之童知斥二氏尊孔子何其盛也邇來士志青紫口誦章句與耳食何異所望薦紳先生以正學主盟于上閩士庶幾有興然世方辨朱

陸異同尊陸者以朱學支離是朱者以陸為禪又言孔釋老氏之教同出于一人士貿貿莫知適從予嘗謂三教不可合亦不必合朱陸之學不必同亦不害其為同舍所學之正以企聖脩猶航斷漢絶汙而求至于海也胡可得哉予故自道南而後考其師友淵源俾閩人士知所尚往云

楊時

楊時字中立將樂人熙寧九年第進士調官不赴後授司户參軍轉授徐州司法以師禮見程伯子于潁昌歸送之門曰吾道南矣明道卒復見叔子于洛一日叔子瞑坐與游酢侍立不去及覺門外雪深三尺程門學者甚衆後多入禪伊川每稱楊謝二君長進後任處州司法歷知瀏陽餘杭蕭山皆有異政蔡京用事天下多故京客張觷勸其引舊德老成置諸左右開導上

意庶幾可及會高麗使者至問龜山先生安在乃召為秘書郎遷著作郎條具十事面進劄子三通除邇英殿說書拜諫議大夫兼侍講金兵初退議者請和先生力陳不可命兼國子祭酒因言章蔡誤國出王安石邪說乞奪王爵罷配享遂降列從祀元祐諸臣亦以先生言次第追復尋上四章乞罷除給事中辭免不允乃除徽猷閣直學士奉祠高宗即位召除工部侍郎兼侍讀未幾以龍圖直學士致仕卒年八十三紹

興十二年贈少師謚文靖明弘治九年追封將
樂伯從祀孔子廟庭子五人迪迥適造適

楊迪

楊迪字遵道兒時力學凜然如成人少游程門
先輩士咸欽崇寧三年卒官奉議大夫同游
程門有浦城練繪建安林志寧從時游者有黄
瑗江琦練逢蕭顗俱建州人

游酢

游酢字定夫建陽人與兄醇以文行知名程顥

見之京師謂可進道頤兄顥最愛之典秩扶溝學招使肄業盡棄其學而學焉第進士調蕭山尉近臣薦召太學録遷博士以奉親不便求知河陽縣范純仁守潁昌辟府教授純仁入相復爲博士僉書齊州泉州判官晚得監察御史歷知漢陽軍和舒濠三州卒七世孫應祥居武夷澄川守其家學

陳祥道

陳祥道字祐之閩清人治平進士嘗著禮書詔

尚書給筆札除國子直講遷館閣校勘兼太常博士終秘書省正字弟暘著樂書二十卷趙挺之爲上之由太學博士遷太常丞駕部員外以進迓衡集勸導紹述爲世所訾

王蘋

王蘋字信伯福清人寓居平海稱程門高第紹興間除秘書省正字補廸功郎兼史館校勘遷著作郎乞外通判常州主管台州崇道觀致仕楊時常言同門後來成就莫踰信伯今福清有

龍江書院云

胡安國

胡安國字康侯崇安人入太學以程頤友朱長文及潁川靳裁之為師紹聖四年進士時發策大要崇復熙寧元豐之制安國推明大學以漸復三代為對哲宗命再讀稱善擢第三歷官寶文閣直學士卒詔贈四官又加賻賜田十頃謚曰文定安國以聖人為標的志在康濟雖數被譴憂國之心彌篤自登第迄謝事四十年在官

實歷不及六載朱震被召問出處之宜安國曰子發學易二十年去就語默如人饑飽寒温必自斟酌不可決諸人亦非人所能決也渡江以來儒者進退合義以安國尹焞為稱首侯仲良少許可嘗語人胡康侯如大冬嚴雪百草萎死松柏挺然獨秀自王安石廢春秋經筵不以講讀貢舉不以取士安國謂先聖心法手所筆削乃使人主不得聞學士不得誦習亂倫滅理言矣潛心是書二十餘年以高宗命作傳以進今

列之學官　明正統二年從祀孔子廟廷從子寅子宏憲寧

胡寅

胡寅字明仲安國弟淳之子早聞道于家庭長從河東侯師聖遊十九入辟雍宣和三年中進士甲科歷校書郎從楊時遊遷司門員外郎金人陷京師議立異姓寅與張浚趙鼎逃大學中不署狀張邦昌僭偽遂棄官歸建炎三年高宗幸金陵以張浚薦為駕部郎官尋擢起居郎金

人南侵詔議移蹕寅上書乞按行淮襄絶和議以圖中原不宜退保吳越宰相惡其切直除主管江州太平觀會應詔上十事曰脩政事備邊陲治軍旅用人才除盜賊信賞罰理財用核名實屏讒佞去奸慝不報紹興五年遷給事中時議講和寅以復仇為請與張浚異議乞郡便養除徽猷閣待制知邵武改集英殿脩撰復以待制知嚴州又改永州尋除禮部侍郎兼侍講直學士院丁外艱服除時秦檜當國以不附已憾

之除徽猷閣直學士奉祠俄許致仕坐通李光
落職新州安置檜死復元官卒謚文忠寅志節
豪邁在新州著讀史管見數十萬言及論語評
崇正辨皆行于世學者稱致堂先生

胡宏

胡宏字仁仲安國長子幼師楊時侯仲良優游
衡山餘二十年張栻師事之紹興間上書論復
讐大義累數千言宏初以蔭補官不調秦檜當
國貽書于寅意欲用之宏辭益堅檜死復召竟

以疾辭卒于家著書曰知言學者稱五峯先生

胡憲

胡憲字原仲長從父學紹興中貢入大學會禁洛學憲獨與劉勉之誦習其說既而學易于譙定一旦揖諸生歸故山力田奉親從遊日衆號籍溪先生范冲朱震劉子羽呂本中等以行誼聞于朝上特召之憲辭毋老折彥質入西府又言于上趣召愈急憲力辭乃賜進士出身授左廸功郎添差福州教授憲猶不屈太守魏矼遣

諸生款致詔旨且為手書陳大義憲乃就職訓諸生以為己之學郡人程元龔何皆迎致俾參學政學者自是孚化以母年高不樂居官舍求監南嶽廟以歸久之起為福建路安撫司屬官時帥張宗元榷鹽急私販者銖兩亦重繩憲告以為政大體宗元不悦憲復請祠秦檜方用事憲家居不出檜死以大理司直召未行改秘書正字既至病不能朝乃草疏言金人大治汴京宫室勢必敗盟今元臣宿將惟張浚劉錡在兩

人大器但爲積毀所傷上嘉其忠詔改秩與祠歸初憲與劉勉之俱隱後又與劉子翬朱松交松將没屬其子熹受學于三人方憲之以館職召也權奸猶在言路尚塞憲與王十朋馮方查籥李浩相繼論事太學生作五賢詩歌之

胡寧

胡寧字和仲受春秋學以郊恩補官無仕進意秦檜當國貽書其兄寅促寧通書問勉爲條陳數事既召試館職除勑令所删脩官會秦檜子

熺拜元樞檜問外議如何寧曰蔡元長父子所爲豈所望于相公也檜怒因指爲故相趙鼎客出叅議夔州路安撫司改知澧州以疾丐祠卒世稱茅堂先生安國傳春秋編纂討論多出于寧寧又著春秋通旨羽翼其書云

鄭轂

鄭轂建安人親喪籲天息火人異之師謝題道舉進士調御史臺主簿丐祠歸

章才邵

章才邵崇安人以父任補官後知辰賀二州湖北叅議其學能尊所聞

羅從彥

羅從彥字仲素其先自豫章避地南劍後徙沙縣聞同郡楊時得洛學慨然慕之及時爲蕭山令遂徒步往從三日驚汗浹背曰幾虛過一生矣時嘗講易至乾九四爻云伊川說甚善從彥即鬻田走見頤問之頤反覆以告從彥謝曰聞之龜山具是矣乃歸卒業沙縣陳淵時之壻也

嘗詣從彥必竟日乃返既而築室山中絕意仕進閒謁時將溪上吟咏而歸采祖宗故事為遵堯録靖康中擬獻闕下嘗論祖宗法度不可廢德澤不可恃廢法度則變亂之事起恃德澤則佚驕之心生又曰立朝廷以正直忠厚為本正直則朝廷無過失忠厚則天下無嗟怨一于正直而不忠厚則入于刻一于忠厚而不正直則流于懦其議論醇正皆此類朱熹謂龜山倡道東南及門甚衆潛思力行任重詣極仲素一人

而已紹興二年以特科授博羅主簿未幾卒學者稱豫章先生淳祐間謚文質

劉詵

劉詵字應伯福清人熙寧進士累官大晟府典樂詵通音律嘗上歷代雅樂及宋制作之旨歷宗正鴻臚衛尉太常寺少卿纂續因革禮書卒詵居母喪有兩芝生墓側

李復

李復字履中閩縣人紹聖間爲西陝使者猶未

識横渠先生論孟養氣動必由理朱子謂得其大旨建安余允文作尊孟辨三十卷朱子閱而是之

林之奇

林之奇字少穎侯官人弱冠從呂本中游將試禮部至三衢而返學益力紹興中進士累官校書郎會朝廷欲令學者參用王安石三經義説之奇上言王氏三經率為新法地所謂邪説以疾乞外由宗正丞提舉閩舶參帥議遂以祠祿

家居東萊呂祖謙嘗受學焉稱拙齋先生卒謚文昭從子子冲

林子冲

林子冲字通卿淳熙進士簿南豐守陳岐辟倅二陳禮樂書書成周必大楊萬里皆稱其精容調將樂丞未上留盱江攝郡文學父沒徒行扶輀歸塟以哀毀卒

李樗

李樗字若林閩縣人與林之奇受業呂本中後

領鄉薦學者稱迂齋先生

陳淵

陳淵字知默沙縣人瓘之從孫既聞家學復師楊時而友羅從彥紹興五年廖剛胡寅朱震薦其老于文學充樞密院編脩會李綱以前宰相帥江西闢為制置司機宜文字七年詔舉直言極諫胡安國以淵應詔對改官賜進士出身九年除監察御史尋遷右正言極言新經說害治最甚因論和議淵願以言為息戰之權以戰為

為守和之備章五上益切時鄭億年復資政殿學士奉朝請召見内殿淵言億年故相居中之子雖從官而有從賊之醜乞寢召命不報億年者秦檜黨也由是檜怒除秘書少監兼崇正殿説書改宗正少卿以何鑄論罷主管台州崇道觀十五年卒

楊敦仁

楊敦仁字仲遠福寧人受業楊時之門又從游酢屢論仁性及辨異端之惑時稱篤志

劉勉之

劉勉之字致中崇安人父元振游太學與呂大臨游酢善勉之自幼稟學時禁挾元祐書勉之潛抄默誦後從譙定學易歸見劉安世楊時皆請業即邑近郊結草堂與胡憲劉子翬為友紹興間呂本中疏薦赴闕秦檜見勉之持正乃不引見但令策試後省給筆札而已勉之遂謝病歸杜門十餘年學者踵至號白水先生勉之婦家富而無子謀以貲盡歸于女勉之不受盡畀

婦族賢者令主祀事友朱松卒屬後事且命子
熹受學勉之經紀其家訓熹如子同縣吴枅亦
明性學朱熹遣其子師之

劉子翬

劉子翬字彦冲崇安人韐季子也廕補承務郎
辟真定幕屬韐死事子翬痛憤墓哭三年服除
通判興化軍尋以疾辭歸隱武夷山十有七年
時走父墓涕泗或累日而返妻死不再娶事繼
母及子羽極其孝友與胡憲劉勉之相見論學

外無他言既疾革門人朱熹請入道次第于翬告以不遠復者三字符也學者稱屏山先生子玶玶子學箕俱守家學

李侗

李侗字愿中南平人聞郡人羅從彥得洛學從遊累年授以春秋中庸語孟之說從彥好靜坐侗退室中亦靜坐從彥令靜中看喜怒哀樂未發前氣象而求所謂中者既而山居餘四十年怡然自適事親孝謹仲兄性剛多忤事之得其

歡心閨門內外夷愉肅雝親戚有貧不能婚喪
者賑助之教人以反身自得其言曰學問之道
不在多言但默坐澄心體認天理即纖毫私欲
亦退聽吏部員外郎朱松與侗為同門友遣子
熹受學卒得其傳沙縣鄧迪謂愿中如冰壺秋月
瑩徹無瑕子友直信甫皆舉進士試吏旁郡更
請迎養歸道武夷會閩帥江應辰以書幣來迎
至都之日疾作遂卒年七十一謚文靖信甫歷
監察御史知衢州擢貳東江東憲以特立不容

于朝

邵景之

邵景之字季山古田人攝教建寧受業胡憲官莆田令事繼母以孝聞

魏掞之

魏掞之字子實建陽人少師胡憲友朱熹嘗客衢守章傑所傑因趙鼎子汾以媚秦檜掞之貽書責之長揖徑歸築室讀書榜以艮齋乾道中舉遺逸固辭宰相陳俊卿招之甚力布衣召見

以脩德業正人心養士氣為恢復之本上嘉納之賜進士出身守太學錄請廢王安石父子從祀追爵程顥程頤列祀典不報會曾覿秩滿在道挨之累疏論斥儇遺書俊卿責其不能救正遂以迎親請歸行數日除台州教授嘗依社倉法請官米以貸民至冬斂之部使素敬挨之捐米千斛歲以為常或訾其近名蹙然曰使避此嫌為善之路絶矣病革母視之不中不見以言召朱熹屬以後事卒年五十八贈直秘閣子應

仲從朱子遊

蔡元定

蔡元定字季通崇安人父發字神與邃于易學學者稱牧堂先生元定十歲能詩日記數千言父以程子語錄邵子經世張子正蒙授之孔孟正脉也既長登西山絕頂茹蘗讀書聞朱熹名往師之熹扣其學大驚曰此吾老友不當在弟子之列對榻講論經義每至夜分四方來學者熹必命先質之元定大常少卿尤袤秘書少監楊萬

里疏薦于朝以疾辭時韓侂胄專政有學禁臺諫承風排擊連疏詆熹并元定謫道州縣捕元定急元定聞命即日就道熹與從遊數百人餞別蕭寺中坐客嗟嘆有泣下者熹微視元定不異平時因喟然曰朋友相愛之情季通不挫之志兩得之矣杖屨與子沉行三千里脚為流血無幾微見顏面至舂陵遠近來學者日衆或謂宜謝生徒元定曰彼以學來不忍拒之若有禍患非閉門竇塞所能避也貽書訓諸子獨行不

愧影獨寢不愧衾勿以吾得罪遂懈一日謂沉可謝客吾欲靜坐以還造化閱三日卒侂胄誅有詔贈廸功郎謚文節元定于書無不讀至圖書禮樂制度無不精究熹疏釋四書及易詩傳通鑑綱目皆與元定往復參訂啓蒙一書則屬元定起草學者稱西川先生子淵沉最著

蔡淵

蔡淵字伯靜號節齋元定嘗語二子曰淵紹吾易學沉演吾皇極數而春秋則以屬知方焉淵

又編友黃幹諸賢清脩苦節有父風與弟沉俱
躬耕不仕著周易訓解邑人熊剛大從淵遊多
所著述

蔡沉

蔡沉字仲默從朱熹遊熹晚年訓釋諸經畧備
獨未及書遂以屬沉洪範數學久失其傳元定
心得之未及論著曰成吾志者沉也沉受父師
之託沉潛數十年然後成書書從父䟽所定之
沒徒步護喪歸年僅三十遂謝舉業以聖賢為

師隱居九峯名卿歷薦皆不屑就卒謚文正
皇明正統二年從祀孔子廟廷元定諸孫杭模
最著

蔡杭

蔡杭字仲節端明學士參知政事

蔡模

蔡模字仲覺迪功郎本州教授

黄榦

黄榦字直卿閩縣人御史瑀之子瑀歿榦受業

朱子朱子語人直卿志堅思苦與之處甚有益以其子妻之寧宗時補將仕郎授迪功郎監台州酒務居母喪學者多從講墓次朱子編禮書以喪禮一編屬幹病革以深衣及所著書授之曰吾道之託在此幹心喪三年吳獵帥湖北辟監安撫酒庫趙希懌高商老共辟臨川令改知新淦差通判安豐軍淮西帥司檄幹鞫和州獄夜夢井中有人明日詰囚汝殺人投井安得欺我囚驚服知漢陽軍值歲饑多方賑貸以病乞

祠章三上得主管武夷冲祐觀復起知安慶府
請城備戰守具後金人破黃州淮東西恟懼獨
安慶按堵如故制置李珏辟為參議官再辭不
受既而朝命與徐僑易和州州且令先赴制府稟
議榦即日解印趨制府數言兵事珏皆不能用
榦歸自維揚再辭和州之命乞祠閑門謝客再
命知安慶不就入廬山訪李燔陳宓講乾坤二
卦于白鹿書院未幾召赴行在奏事除大理寺
丞不拜為御史李楠劾歸鄉里子弟日盛編禮

著書亹亹不倦尋命知湖州州辭差主管亳州明道宮踰月致仕特授承議郎卒贈朝奉郎詹一子謚文肅幹同時有建安 丘富國甌寧童伯羽崇安歐陽光祖江默陳範浦城詹體仁俱學于宋子

劉嘉譽

劉嘉譽字德稱長樂人貽孫之裔也嘗師李侗官將仕郎樂昌縣尉子世南字景虞受業林之奇與呂祖謙友官至吉州司理參軍二子砥礪

自有傳

林光朝

林光朝字謙之莆田人再舉禮部不第師吳中陸子正正者尹焞弟子也專心聖學及門數百人紹興以來四五十年莆人始知洛學隆興初年五十舉進士及第授袁州司户叅軍未上龍大淵曾覿以潜邸得幸光朝與名儒劉朔進對頗及二人改知永福縣大臣屢薦進國子司業兼太子侍讀張説再簽樞密光朝不賀遂以直

顯謨閣提刑廣西淳熙元年移廣東時茶寇自荆湘剽江西薄嶺南光朝督兵遮擊之賊宵遁帝聞之喜光朝儒生乃知兵耶加直寶謨閣召拜國子祭酒四年帝幸國子講中庸賜金紫除中書舍人兼侍講吏部郎謝廓然由曾覿薦有詔賜同進士出身光朝封還詞頭改權工部侍郎請外以朝散郎充集英殿脩撰知婺州引疾提舉江州太平興國宫年六十五卒謚文節光朝殁朱子云某少過莆見林謙之方次雲談道

理極精細再往二公已死無能繼其學劉克莊謂高處逼檀弓穀梁平處猶與韓並驅世以為知言

何鎬

何鎬字叔京邵武人父兌第進士為廣西提刑檢法官東平馬伸以御史宣慰諸道兌攝本使伸賢之辟置幕下悉以平生出處告之伸言事死兌輯事狀守其學不變紹興中通判辰州見邸報秦檜自陳存趙之功兌因取所輯馬伸事

事狀列上史官中有移書偽楚斤使避位之語檜以其分已功大怒下兇獄削官竄真楊檜死復官學者稱龜津先生鎬承家學與朱熹友初以父任簿安溪未赴辟掌機宜文字再丞上杭專用寬仁為治部使者鄭伯熊檄鎬佐汀守共理守不悅即謝去後調潭州善化令未上卒朱子銘其墓稱其清夷恬曠廉直惠和云

阮孔碩

阮孔碩字膚仲侯官人嘗學于張栻呂祖謙復

偕兄孔夙拜朱子武夷淳熙二年進士調婺州
户曹暇即詣東萊講學祖謙没心喪三年教授
處州以所聞三先生訓後學歷知邵武瑞金縣
遷作監丞禮部郎中知惠州提舉淮東常平嘉
定間叛寇胡海挾金人來襲遣韓募死士合監
軍迎擊于青塚破之移漕廣西丐祠主千秋鴻
禧觀累召不起進秘閣脩撰孔碩有古良史風
在朝與同郡王益祥俱訐韓侂胄史彌遠自廣
西歸杜門著書卒年七十有八益祥狀其行以

子韡贈太子太師金紫光祿大夫侯官開國男

學者稱北山先生韡自有傳

劉爚

劉爚字晦伯建陽人受學朱熹呂祖謙第進士

調山陰簿歷建城令罷添給綱運上供等錢改

知閩縣慶元中通判潭州學禁興從熹講學武

夷築雲莊山房差知德慶府脩學校奏便民五

事又奏罷兩縣無名租錢尋提舉廣東常平召

入奏事帝嘉奬遷尚書郎官請節內外冗費改

浙西提刑遷國子司業請以熹所著論語學庸孟子之說備勸講因疏乞罷學禁取熹四書集註刊行之除權刑部侍郎兼國子祭酒太子左諭德尋兼工部侍郎元旱求言上封事進封建陽開國男權工部尚書賜衣帶鞍馬兼太子右庶子仍兼左諭德每講讀至經史聲色嗜慾之戒輒懇切敷陳卒贈光祿大夫謚文簡弟炳

劉炳

劉炳字韜仲與兄俱從朱熹時熹編集程氏遺

書炳兄弟研窮誦讀晨夕不怠淳熙五年進士乙科累官兵部郎中朝請大夫丐祠弟炯亦從熹學登進士爲固始令㷍子庢朝請大夫孫應李咸淳進士入元不仕

祝穆

祝穆字和甫崇安人先居歙於朱子爲外姪從遊雲谷得其微言子洙第進士以薦爲涵江書院山長

張巽

張巽字子文晉江人父遇知臨江軍張栻講學遣巽從遊及歸贈詩且致屬望是時晦菴之學盛行於泉如楊至陳易輩持守講論多可觀惠安有劉鏡叔光者稱高第巽從之遊有所聞未能釋然乃走謁武夷朱子以與南軒講論中和之之旨告之曰此晚年畫一工夫也臨別又請之曰南軒記嶽麓某記石鼓合而觀之知所用力矣巽退而喜曰吾固謂其不止是也既歸日事涵脩久益明淨學者稱錦溪先生

廖德明

廖德明字子晦順昌人少耽釋學得楊時書讀之乃悟遂受業朱熹乾道進士知莆田縣有題者欲得邑地廣其居德明不可守會僚屬諭之德明曰君侯守土未聞以地與人守慙服累官知潯州諸司交薦之德明固辭遷東提刑彈劾不避有鄉人為主簿德明聞其能薦之會德明行縣簿感知遇悉假富人觴豆置酒甚盛德明怒曰一主簿乃若是侈必貪也遂追還薦章其

公嚴如此時盜陷桂陽廹韶韶人甚恐德明燕笑自如遣將馳擊而親督戰大敗之徙廣州遷吏部左選郎官奉祠卒學禁方嚴德明守師說不變同時師朱熹者有建陽劉褒夫崇安翁昜

方耒

方耒字耕道莆田人元寀曾孫少孤與弟禾奉母力學既師朱子於建安乾道中登第調潭善化尉復謁張栻後栻帥荆南辟耒及游九言為屬曰二人能攻吾過改知攸州終宣教郎知連

江縣禾字耕叟亦遊朱門

方壬

方壬字若水元宋曾孫淳熙中遊大學往返建安必謁朱子擢第除長泰簿朱子守漳請壬主學事明年龍岩有澚卒殺人獄吏逼同行者誣服漳浦有僧死于佃而鞫驗者皆曰飲鴆壬閱實柢卒及佃罪秩滿除知寧鄉縣未上卒壬性孝友家人議析先世田廬既具草壬垂涕不忍視而止

林用中

林用中字擇之古田人師光朝又從朱熹建安熹稱畏友張栻守潭州文公偕用中往訪之有南嶽唱酬集石塾窜尤溪延掌學政爲一徃後不復出弟允中字擴叔朱子更其字擴之

鄭可學

鄭可學字子上莆田人露之後少孤再貢禮部不利逌武夷見朱子從之學性褊急懲忿尤力文公守漳延可學教子弟晚年刪定大學一編

曰此書惟子上足以付之

方士繇

方士繇字伯謨莆田人少孤依母家邵武徙崇安從朱子遊遂廢進士業六經皆通尤長于易涉世若疎至論理道鑿鑿可行

方符

方符字子約莆田人少師叔父大壯北上春官道考亭拜朱子于精舍為作字說第慶元己未進士歷潤衢二州教授知瀏陽縣通判徽州未

上卒

黄士毅

黄士毅字子洪自莆徙吴不忘桑梓因號壹山學禁興士毅徒步至閩朱子告以静坐居數月授以大學章句著述甚富

潘柄

潘柄字謙之候官人年十六即知至道父滋嘗爲黄榦命柄往事朱子悉以所學授之著易解尚書解學者稱瓜山先生兄植字立之同遊朱

門

林夔孫

林夔孫字子武古田人禀禁起夔孫從朱子講論不輟嘉定間特奏名為縣尉

王普

王普字伯照閩縣人精于禮學及律曆官侍郎朱文公嘗言閩士明禮三人普最優劉藻次之任文薦又次之

劉藻

劉藻字昭信嘗解易言見險而止爲需見險不止爲訟能通其變爲隨不能通其變爲蠱

任文薦

文薦字遠流紹興進士歷監察御史太常少卿浙江提刑本路轉運副使終秘閣脩撰知建寧府三十朋稱其直道立朝

陳宋霖

陳宋霖字元滂長樂人紹興進士令同安朱子爲簿相與切磋後歷秘監孫枅字自脩受業朱

門

邵整

邵整字宋舉古田人邑人蘇大璋從遊終身整少學于合沙鄭少禖

林謨

林謨字丕顯連江人從林之奇遊同門友呂祖謙少謨數歲祖謙講學更抑首受業祖謙曰此閩中瑞物也後謁朱子以貧且老不得繼見聞鄉人有從學于朱者必造訪之

程伯榮

程伯榮字良弼古田人與同邑蘇龜齡黃有開傅子淵蔣康國皆遊朱子之門康國稱鼎山先生朱子楚辭集解多與商訂

陳德一

陳德一字長民連江人舜申之子也紹熙進士教授京口溫陵官終朝請郎知宜州所著易傳發徵德一兄弟四人俱知州縣累世同爨

劉鳳

劉夙字賓之莆田人莆自林光朝倡學夙與弟朔師事之得其傳夙擢紹興第歷臨安府教授弟朔温州司户迎母游氏就養因乞便親易温州教授孝宗即位召對除樞密院編脩官以親老求去無何兼國史院編脩官力辭不就除着作佐郎輪對首論三事又以浙江水旱奉詔言曾覿龍大淵輩不可近復疏六事乃外章再上以為荆湖北路安撫叅議差知衢州會曾覿使金道衢謁夙不納復求去徙知温州明年引疾

歸尋卒子彌正彌邵彌正子克莊別有傳

劉翔

劉翔字復之紹興省元甲科溫州司戶賑饑療疾力行善政後孝宗召對進讜言除福建安撫參議未上卒翔與兄寬嚴異稟名行相次子起晦不忝于父

黃㓕

黃㓕字季野莆田人少從林光朝學一第而夭官終懷安丞

鄭耕老

鄭耕老字穀叔莆田人紹興進士歷明州教授用薦召見孝宗嘉悅擢國子主簿添差福建安撫司機宜文字滿秩經歸讀易詩庸範語孟味其精微皆有訓釋榮利泊如也

黄補

黄補字季全莆田人父端教授惠州時永嘉陳鵬飛謫居因師友之其學用心于内及門數百人時林光朝講學城南補在城東乾道八年特

科授高州文學調高要尉卒

范念德

范念德字伯崇建陽人調廬陵簿累朝朝奉郎

江東帥司機宜文字朱熹嘗讀念德所着雜説

曰持守不差見理漸明後疾革手書屬念德及

黄榦脩正禮書

真德秀

真德秀字希元浦城人第進士嘉定初遷太學

博士疏請更化宜褒崇名節改著作佐郎除起

居舍人史彌遠當國德秀請去出爲江東運副
改知泉州隆興府潭州理宗立召爲中書舍人
擢禮部侍郎直學士院入見首陳濟邸寃願與
追封經筵進說屢進讜言上皆虛心開納彌遠
諷言官論罷之歸脩讀書記紹定中復知泉州
彌遠死上親政除知福州尋召爲户部尚書進
所著大學衍義改翰林學士知制誥已得疾拜
參知政事踰月三上請祠除資政殿學士提舉
萬壽觀兼侍讀卒謚文忠德秀立朝十年奏疏

數十萬言皆忠于朝廷所至有惠政自學禁興
凡大儒書皆廢閣德秀晚出慨然以斯文自任
明正統二年從祀孔子廟廷

余元一

余元一字景思仙遊人淳熙五年進士乙科娶
黄幹女弟因得親炙朱子知同安縣終池州通
判同邑有林德遇字君時質頗鈍一日鬻産裹
糧就武夷就學于朱日誦論語集久之有悟家
居與陳沂友善俱稱名士云

蘇權

蘇權字元中仙遊人少侍父洸倅賓州嘗從張栻學從父國子博士總龜爲鄉名儒權復叅叩縣太學登第淳熙中調梧州推官帥蔡戡聞權世有廉名檄攝帥屬調三山教官改秩知餘干縣洸舊治也至官卒子國台從潘柄學從孫三英早登洪天錫徐明叔之門克世其家

林磻 林蒙亨

林磻字起獻仙遊人嘉定進士王邁嘗師之官

止海陽郡尉同邑林蒙亨字宿西興泉學者多從之遊兩預鄉書不第以子有之贈請朝郎

鄭鼎新

鄭鼎新字中實其先自浦城徙仙遊以太學生登嘉定進士知晋江縣真德秀守泉重之邑人立生祠于紫澤宫尋通判處州監右藏東庫遷國子書庫授都大提管卒鼎新少遊黄榦之門考究禮書成編又叅質于榦及楊復諸人家居有義塾義莊德秀為記

許升 通志作升

許升字順之同安人朱熹爲同安簿從遊最早後復從遊建陽及卒朱子痛惜之今配享文公祠同邑有王力行晉江楊履正俱從熹遊

楊至

楊至字至之晋江人從朱熹學蔡元定奇之妻以女

曾恬

曾恬字天隱晋江人公亮曽孫少從楊時謝良

佐陳瓘諸賢遊紹興中仕至大宗正丞秦檜當國乃祠主管台州崇道觀寓常熟僧刹

蔡和

蔡和字廷傑晉江人學于陳易時真德秀守郡李方子佐幕禮重之泉士如鄭思忱思永王次傳蘇思恭卓琮王雋黄以翼江與權黄必昌皆其門人時號紫陽别宗思恭思忱别有傳

卓琮

卓琮字廷瑞永春人着易禮説雋晉江人與權

惠安人

黄必昌

黄必昌字景文晋江人着大學中庸講稿嘉定進士泉南又有呂大奎黄巖孫丘葵呂椿稱儒林

陳均

陳均字平甫莆田人入大學以累舉恩當大對不屑就嘗用朱子通鑑綱目義例輯宋編年舉要起太祖建隆庚申迄寧宗嘉定甲申凡数十

卷端平初詔取其書授廸功郎不就所居容膝處之泰然年七十餘卒鄭性之題其墓曰篤行君子鈍齋陳公之墓

方澄孫

方澄孫字蒙仲以字行莆田人淳祐七年廷對萬言又請立涪陵後錮秦檜子孫竄史嵩之以謝天下擢甲科邵武軍教授後為國子監庫官校藝南宫商論去取不合通判泉州攝守兼舶縣籍舞文史辟淮西制置司參議官知邵武軍

以秘書丞召尋卒初蒙仲以文字受知賈似道似道相蒙仲力求補外

林憲卿

林憲卿字公度懷安人從朱子學卒無子鄉人即所創存齋祠之

劉砥

劉砥字履之長樂人世南之子也初喜釋老後取伊洛諸書讀之恍然有悟與弟礪登朱熹之門熹嘉其篤志晚預編次禮書學禁興無復仕

進意辛年四十五子玠

劉礪

劉礪字用之中童子科後棄舉業受學朱子學禁興志尚愈篤蔡元定編置道州礪與其兄餽贐時厚年四十七卒

劉玠

劉玠字君錫父砥卒乃生鞠于外家六歲哭其叔父如成人長從黄幹學平居退焉若不及見義勇為人所難及嘗遜田數百畝諸姪以成母

志卒年四十八

林亦之

林亦之字學可福清人林光朝嘗講道莆之紅泉及卒學者請亦之繼其席趙汝愚帥閩愚嘗以亦之行業上于朝卒年四十二學者稱網山先生景定間贈迪功郎謚文炌縣志贈官不言賜謚三山續志稱文介先生蓋私謚也

余偶

余偶字占之嘗與呂祖謙黃幹遊

程若仲

程若中字實之古田人嘉定中特奏名家居

林大春

林大春字熙之嘗云仲尼再思曾子三省子何人哉敢不脩整三人皆古田人同邑有林思魯文公門人

林希逸

林希逸字肅翁福清人紹定進士及第師事陳藻藻之學出林亦之亦之出林光朝才名與劉

克莊相亞論者謂希逸理學實優歷平海節度推官淳祐中遷秘書省正字景定間上言亦之藻公遇俱經明行脩請褒贈從之終中書舍人

黃樵仲

黃樵仲字道夫龍溪人頴之孫也淳熙五年與弟杰同第進士調永福尉再調汀州錄參謝事歸熹守漳禮請入學牒云器質渾厚操履端方尋辛文公遣倅翁德廣經紀後事弟樵

黃樵

黄樵字實夫淳熙中舍選入對大廷獻十論升進士丙科調南劍教官日以龜山了翁之學勉諸生官終宣教郎

陳淳

陳淳字安卿龍溪人學者稱北溪先生淳好濂洛諸書紹興初朱子守漳淳持所著自警詩為贄熹恨相見之晚日延之郡齋講論或至夜分朱子去漳語人以南來得一安卿後十年復往見病矣延及卧内語之三閱月辭去嘉定九年

待試中途歸遇嚴守鄭之𫁜延講郡庠聽者数百計莆泉士多游其門十年以特奏恩授泉州安溪簿未上卒年六十五莆田陳宓銘其墓淳

故家貧奉親菽水盡懽母病革號泣求以身代至宗族無歸者甚衆

潘武

潘武字叔元龍溪人與陳淳為道義交

王遇

王遇字子合龍溪人乾道進士臨江教授調處

州再調蘄州受業晦菴南軒東萊三先生註懷安丞閩帥詹體仁鄭僑延置幕府丞相趙汝愚聞其賢將擢用之學禁興禍起久之以祭酒李祥薦之知長樂縣循大塘水利溉田十餘萬畝轉贛州通判推太學博士未幾除諸王宮教授適毗陵大旱命為守講荒政民被實惠會浙東大饑復詔提舉浙東常平時朝議欲變鹽法過力爭之遂寢除大宗正丞右曹郎中嘉定四年校策殿廬竣事而卒王幹狀其行學者稱東胡

先生子仲訥羅源令

林宗臣

林宗臣字實夫龍溪人登甲科官主簿蚤知陳淳以朱子所編近思錄似之

李則

李則字康成龍溪人試大學不偶歸生徒百餘人楊汝南李恂輩皆名士簿桂嶺掛富川令調泉州德化有聲政教

李唐咨

李唐洛字堯卿溪龍人與同郡石洪慶林易簡施允壽鄉人推重朱熹守漳招致學宮為請生楷載之公牒各有品題

李方子

李方子字公正晦叔其先睦州人十二世祖頻唐大中進士卒官建州刺史瘞于光澤家焉五世祖深字叔平熙寧九年進士為詳檢役法文字廷争忤蔡京章惇奪一官崇寧初蔡京追貶言者深坐除名編官復州與任伯雨陳瓘等入元祐

黨籍深生璿璿生純德字德之治周禮左氏春秋從弟先祖嘗璵其善學純德生呂字濱老早孫事母孝與朱熹友呂生正已正已生方子方子初見朱熹熹曰寬大中要有規矩和緩中要果決遂以果名齋嘉定進士三調泉州觀察推官守真德秀以師友禮之辨論經訓每至夜分踰年除國子録或告史彌遠此真德秀黨諷臺臣劾罷之倡道授徒嘗語人曰吾於問學未能周盡然幸于大本有見處此心常覺泰然不為

物歆所遺寶慶二年起倅辰州特旨授朝奉郎致仕尋卒與一子官弟文子

李文子

李文子字公謹紹興四年進士歷知綿閬潼三州皆有聲能世其家方子諸叔曰光祖閎祖相祖壯祖俱朱子門人

葉武子

葉武子字成之邵武人初遊鄉校與李方子同師朱熹後補太學生時議函韓侂首畀金武子

曰奸臣首不足惜如國體何率同舍扣閽力爭之
嘉定七年擢甲科註岳州教授有貧而母老者
名在武子下乃推讓其人而已後之改郴州一
以白鹿洞規為書生準刻集註章句以授之郴
士胥勸調湖南茶鹽提舉為禮兵部架閣國子
正丐外添差通判建寧府知處州奏除苛取之
弊屬麗水盜起郡發兵捕討里正執讐民以歸
武子訊寔得三人斬以狥餘釋之民大服餓有
金芝四十九莖叢生郡治衆欲以聞弗許入為

宗學博士嘗以福建保長催科害民陛對論罷請老歸屢召不起尋落致仕籍除直秘閣嘉熙間進直寶閣奉祠仍乞致仕淳祐三年賜詔褒美特陞直龍圖閣五年卒于官秘閣脩撰六年卒武子之學所得于易為多其言曰易之道莫大于時時有三義有在外之時有在我之時人之出處須先論其在我者人以為名言同邑葉寅字直翁少不檢方仕縣語之曰子俊才而甘心里巷殊可惜寅感泣奮勵登朱熹之門問學

精詣言行有準繩鄉人敬之

劉剛中

劉剛中字德言建寧縣人讀莊老荀楊諸子書辭義有契于心每為之贊又從朱熹熹首問讀何書如何用工剛中以所業對熹曰莊老書壞人心術非所學也自是篤志于道熹為易其字曰近仁既歸築室講學人士翕然從之有不遠盱贛而來者兩薦于鄉登嘉定四年第再調蘭溪丞卒熹之子在狀其行

張泳

張泳字潛夫福安人慶元中學禁方嚴大比試天下之言性論有司讀其文驚異之策問偽學泳詆排異端以朱子為正學有司賾之學者稱壘莊先生

蕭里

蕭里字元舉龍溪人力學好古以周禮名家有經解登慶元第調同安尉再調廣州教授楊士訓為墓銘稱其嗜學如饑赴義如渴

吴獬

吴獬字清臣龍溪人與陳知柔林光朝諸人爲莫逆交知柔嘗謂其古貌古心古學古文閉門着書不在楊子雲下

黄學皐

黄學皐字習之龍溪人父珙紹興中以禮記兩薦于鄉學皐慶元間預鄉薦入試南宫策問三舍法學皐用伊川改試爲課有司以僞學黜之嘉定十六年登第簿番禺趙帥師楷每事必咨

之再轉為鄱丞待制李性傳延入郡齋校勘朱子語錄調泉州察推郡守方來延處學職裒論孟義數章以訓諸生年七十焉歸

陳思謙

陳思謙守退之龍溪人嘗魁鄉薦著春秋三傳會同及列國類編朱子稱善李唐咨以女妻之

楊方子 通志作楊方

楊方子字子直長汀人素慕朱學登第調弋陽尉取道崇安謁留數月改清遠簿攝曲江以廉

直閣改武寧秩滿當路交薦改秩趙汝愚自福建安撫使移四川制置使辟方為機宜方于條陳汀州鹽鈔便宜越二年以汝愚薦召對孝宗嘉其剛直擢宗正簿請外通判吉州知建昌軍尋召除編脩紹熙末首乞朝重華宮辭甚懇切寧宗立除祕書郎復知吉州學禁興坐汝愚黨罷屏居章貢閉門讀書嘉泰黨禁開起知撫州僅五月丐祠嘉定初召為侍郎進考功郎官三月復去加寶謨閣學士廣西提刑行部墨吏屏

迹至象州卒年七十八方在朱門與楊簡楊楫稱三楊

楊復

楊復字志仁福安人受業朱子真德秀帥閩壹創貴德堂郡學處之

陳駿

陳駿字敏仲寧德人乾道進士大治丞著論孟毛詩筆記未脱稿而卒子成父字汝玉以諸科薦辛棄疾知福州兼安撫使聞其名以女妻之

近思録一書口誦心維不少輟而預上庠解選

鄭師孟

鄭師孟字齊卿寧德人家貧力學六經註疏手自抄録黄幹妻以女

孫調

孫調字和卿福寧人私淑朱子以擯佛老明聖經爲本

林子雲

林子雲字質夫福安人舉進士融州教授潛

心理學

龔郯

龔郯字曇伯寧德人祖允昌父必俞俱有隱德郯宗朱學一意躬行晚與楊復論辨理氣先後之說尤自造詣

李鑑

李鑑字汝明寧德人嘉定進士終廣東提舉嘗從黃幹楊復游與龔郯創六經講社推明師說嘗督捕贛寇提兵深入陳羅二賊就擒又領州

符海賊憚其威名遁去及蒞廣值兩浙大饑運米千艘助之全活甚衆

熊禾

熊禾字去非建陽人咸淳登第授寧武州司户叅軍入元不仕築洪源書堂其徒復創鰲峰書堂以周程張朱五賢配先師彙朱子諸書為一編名曰文公要語

鄭獻翁

鄭獻翁字帝臣甫田人少從黄績學咸淳進士

漳州推官入元不仕爲人豁達偉容貌眉目疎秀見者拭目時染胡俗獻翁獨用所學淑人復與績子仲元及其徒林元成鬻田數十畝續東湖之祀卒年七十餘

陳普

陳普字尚德寧德人學者稱石堂先生宋季從會稽韓信同學泝出輔氏而本于考亭元初聘本省教授不就四方來學者數百人館里之仁峯寺不能容嘗聘主建州雲莊書院熊勿軒延

講建陽之鰲峯晚居甫十八年造就益衆又通律呂精陰陽璣衡之說

陳景著

陳景著字從以閩縣人明永樂進士第三人授翰林編脩五經四書性理大全書成當從官以親老乞便養改本府學教授景著高第入詞林稍需歲月峻擢可立致乃為親故就教官卑秩又舉其職居父喪一遵文公家禮喪畢以母老遂終養不仕卒于家

陳真晟

陳真晟字剩夫漳州人也年十七八應福州秋試聞有司防察過嚴無待士禮經歸務為聖賢踐履之學嘗曰大學誠意為鐵門關主一二字其玉鑰是也天順二年詣闕上程朱正學纂要疏請召見陳説不報既而家居作正教正考會通考德為六䇿考文為三䇿各有義例可據而行又纂書告之當道無能推行其説將走臨川就正吳與弼至南昌張元禎主之宿扣其學大

加稱許曰無至臨川康齋不可見亦不必見也遂歸鎮海教人專一靜坐年六十四應山以萬曆紀元過霞漳郡城東有石表曰布衣陳先生里低回留之不能去真晟先為泉人以戎籍隸鎮海時居郡城後卒漳平

蔡清

蔡清字介夫晉江人成化丁酉鄉薦第一甲辰進士以病在告弘治元年授主事礼曹歷官兩京莆田林俊嘗叙其文介夫餙躬砥行動準古

人其學以六經爲正宗四書爲適傳五儒爲真派究性命之原通幽微之故四方學士師宗之詩文别出體格卒澤于仁義道德粹如也嘗言虛者聖學之要學者稱虛齋先生爲勳部主事時上三劄言時事又疏薦劉大夏等三十餘人一時錄用殆盡庶吉士鄒智以抗疏逮詔獄免死謫嶺南清作詩送之死又以詩哭之丁内艱歸服除補祠部員外郎尋陞南吏部郎中乞歸侍養終喪猶不起正德改元即其家拜江西提

學副使清至脩白鹿洞教規以淑人士江西諸司賀寧庶人壽相沿具朝服清言不可全用覲君服又以朔望不可先朝寧藩次日謁孔子遠衆獨行屢觸盛怒逆濠故令設機械以侮之据摭其事竟無所得遂致仕歸家居最久貧不能朝夕處之泰然逆瑾起國子祭酒以從人望清沒矣學者謂清尚存必不赴也

陳茂烈

陳茂烈字時周其先浙江瑞安人隷尺籍興化

居馬烈少孤年十八慨然嘆曰善學聖人莫如顏曾作有克錄自考弘治九年舉進士吉安推官持大體開至誠郡守嚴擊強豪烈輔以寬當道尚刻深烈曲為營解得精覈考績入京至淮乏禦寒具凍幾死拜監察御史騎牝馬冠服素朴身若無官有尚書子為姦利崔志端以黃冠得幸言者屢劾不報烈劾尚書去之崔竟畱遂以母老乞歸終養力供甘旨短床敝席一蚊帳不能辦身治畦一蒼頭給薪水出則自執少

油蓋妻子服食粗糲一女適彭韶孫輔嫁具甚薄日坐斗室究極經書旨要體驗身心隨得隨錄常曰儒有向上工夫詩文土苴耳正德中以烈養母清苦改為晉江教諭資其祿疏辭不拜既又援侍郎潘禮例奏給月米

上令有司給月米三石以資孝養又疏辭

上不允烈以母年九十身未有子日夜憂悴方抱疾母卒强起號哭寢地疾轉亟尋卒郡人林俊等治棺殮立其族子長揚為後御史王應鵬

疏言烈廉約如石介所養獨純孝行如徐積所處尤困詔表宅里孝廉恤其家

黄鞏

黄鞏字伯固莆田人性天忠孝弘治末舉進士推官德安府陞主事刑部用經義決獄掌十三司讞牘陞員外改兵部歷車駕職方郎內艱服除補武選正德十四年春上將南巡時蕭敬朱寧張鋭在司禮監錦衣東廠與逆濠交通江彬又握勁兵在上左右公卿交疏不聽鞏曰

上巡遊本起江彬方席寵擅兵無敢斥言吾不可舍彬爲支語迺自疏六事陛下臨御以來祖宗法度一壞于逆瑾再壞于群倖又再壞于邊帥至是蕩然無餘亂本已生禍變將起竊恐陛下悔之晚矣試舉六事于今最急者陳之其一曰崇正學其二曰通言路其三曰正名號其四曰戒遊幸其五曰去小人其六曰建儲貳駕部員外陸震見草疏即毀已草署名同進彬大恚必殺二人遂下詔獄鉗校于庭五日三訊杖百

餘繫囚逾月除名華體羸自分必死乃得甦震竟死華歸杜門著述家素貧日中或未舉火客至畱飯貸米隣家恬不屑意嘉靖改元召為南大理寺丞未幾卒無子贈大理少卿賜祭華嘗曰人生仕宦至公卿大都三四十年惟立身行道斯為不朽世之人顧以彼易此何耶華沉敏好學疾病支離猶不釋卷詩文清粹和宛自成一家云

王應山曰海塩鄭曉嘗言陳黃二公皆莆產忠

潔足以明志孝廉足以存節究其用經濟才也孰非人臣孰非人子觀此能無深省乎予兒時家君素善莆人林道學為言二子欣欣焉願執鞭顧予生晚矣藉令二子居聖門當首四科林貞肅廼謂甞寧黄憲之流豈其然哉陳剩夫蔡介夫顕晦異齊明時理學皆宗之陳内翰孝節恬退庶幾時周者予故悉附之儒林